Frederick Mayer
DER WERT JEDES MENSCHEN IST UNERMESSLICH
Die neue Erziehung zur Erschließung der
Edelsteine in jedem Menschen

Frederick Mayer ist international als Kreativitätsexperte anerkannt. Die Zeitschrift »Liberal aktuell« bezeichnete ihn als »den Kreativitäts-Papst«. In den USA war er Universitätsprofessor und Sonderberater für das »Center for the Study of Democratic Institutions« in Santa Barbara, Kalifornien. Er ist Autor von über zwanzig Büchern, die in viele Sprachen übersetzt wurden. Sein Buch »History of Educational Thought« diente zahlreichen Universitäten als Lehrbuch. Es hat - insbesondere in der brasilianischen Übersetzung mit Beiträgen von Autoren wie Anna Freud und Jean Piaget - die moderne, internationale Pädagogik wesentlich beeinflußt.

Der Autor ist Träger des Goldenen Ehrenzeichens der Stadt Wien, Fellow der Royal Society of Arts in London, Mitglied des Austrian Chapters des Club of Rome, war 1988 Ehrenpräsident der Internationalen UNIDO-IACT-Konferenz in Wien und hat das Programm für die »Zukunft der industriellen Administration« geschrieben.

Übersetzung aus dem Amerikanischen von Edith Klasen.

Frederick Mayer

# Der Wert jedes Menschen ist unermeßlich

Die neue Erziehung zur
Erschließung der Edelsteine
in jedem Menschen

Horizonte Verlag

Frederick Mayer
Der Wert jedes Menschen ist unermeßlich
Die neue Erziehung zur
Erschließung der Edelsteine in jedem Menschen

Reihe *life skills*

Originalausgabe

1. Auflage. 1998
Copyright by Horizonte Verlag, Morsestr. 35, 70435 Stuttgart
Alle Rechte vorbehalten.

Umschlaggestaltung: Peter Spiegel
Druck: Fuldaer Verlagsanstalt
Printed in Germany

ISBN 3-89483-050-6

# Inhalt

**Erster Teil**

I. Die erzieherische Situation
6
II. Frustrierte Reform
16
III. Persönliche Erfahrungen
29
IV. Das moralische Problem
39
V. Die existentielle Stimmung:
Möglichkeiten und Begrenzungen
45
VI. Der Lehrer als Reformer
56

**Zweiter Teil**

VII. Herausforderungen zur Menschlichkeit
66
VIII. Das demokratische Ideal
73
IX. Die Aufgabe der Universität
87
X. Anders erleben
98
XI. Umdenken für eine bessere Welt
105
XII. Dynamische Erziehung: Der neue Weg
111

# Erster Teil

# I

# Die erzieherische Situation

> »Es rühme sich nicht,
> wer sein Vaterland liebt,
> sondern wer die ganze Menschheit liebt.«
> Bahá'u'lláh

1

Viele Beobachter sind beeindruckt von den großen Universitäten in den Vereinigten Staaten, in Japan und Deutschland. Repräsentieren sie nicht ein hohes akademisches Niveau? Sind sie nicht symbolisch für den intellektuellen Fortschritt? Sind nicht die Laboratorien dieser Nationen das Fundament für eine unbegrenzte Zukunft, mit Aussichten auf Reisen im Raumschiff und auf eine beschleunigte Evolution? Tatsächlich, in unserer Zeit sind mehr Erfindungen zustandegekommen als in Tausenden von Jahren der Geschichte. Wir erleben mehr, wir reisen mehr. Wir leben in einer Welt dauernder Expansion.

Aber eine Tatsache gibt es, die wir nicht einfach übersehen können: Hunderte von Millionen sind Analphabeten, fast die Hälfte der Menschheit ist unterernährt. Ebenso beunruhigend sind die seelischen Nöte. Psychiater schätzen, daß in Deutschland 20 Millionen Menschen psychotherapeutischer Hilfe bedürfen. In den Vereinigten Staaten ist es vielleicht jeder Dritte. Selbst wenn für alle diese Menschen Hilfe zur Verfügung stünde, wären die Ergebnisse wahrscheinlich unbefriedigend, denn die seelischen Probleme unserer Zeit sind auch wertbezogen. Sie entstehen aus der Unüberbrückbarkeit zwischen Wunsch und Wirklichkeit. Der Mensch wird ein Opfer der Idole, die er bewundert. Der Notstand des modernen Menschen ist ein doppelter: quantitativ und qualitativ. Wenn die politischen Institutionen und das Bildungswesen sich nicht erneuern, so wird es vielleicht keinen Ausweg mehr geben.

Carl-Friedrich von Weizsäcker sagte in einer Studie des Max-Planck-Institutes, daß atomare Vernichtung durchaus möglich sei, wenn sich die politische Konstellation der Welt nicht radikal ändere. Krieg ist eine ständige Begleiterscheinung des 20. Jahrhunderts gewesen. Millionen sind niedergemetzelt worden in Gewaltauseinandersetzungen im eigenen und in fremden Landen. Die Vorstellungsgabe des Durchschnittsmenschen reicht nicht aus, sich das Ausmaß der Barbarei klarzumachen, zu der die Nationen herabgesunken sind. Die bedeutendsten Lehrbücher, die vielleicht für den Studenten zur Pflichtlektüre gehören sollten, sind Herseys »Hirohima«, Remarques »Im Westen nichts Neues« und Malapartes »Kaputt«. Filme wie »Dr. Seltsam oder Wie ich lernte, die Bombe zu lieben« und »Kriegsspiel« sollten Schülern in vielen Teilen der Welt vorgeführt werden.

Man mag einwenden, daß der Mensch ein aggressives Tier sei und von Natur aus zur Gewalt neige. Gewiß, wenn wir objektiv die Natur beobachten, so finden wir andauernde Gewalt im Kampf um die Existenz. Aber der Mensch kann über die Natur hinauswachsen und ist in der Lage, in sich unerschlossene Bereiche des Mitfühlens und des Verständnisses zu entdecken.

Eine der pädagogischen Hauptaufgaben sollte es sein, Grundlagen für Verstehen und für Beziehungen zu entwickeln. Historisch sind die sogenannten Gebildeten selten Vorbilder menschlicher Qualitäten gewesen. Im Gegenteil, im allgemeinen waren sie Pharisäer, stolz auf ihren akademischen Status, herablassend anderen gegenüber, und oft haben sie den Kriegsherrn mit Enthusiasmus gedient.

Ein Beispiel dafür ist der Geist des Nazideutschland. Bonhoeffer bemerkte mit größtem Erstaunen, daß 1932 die meisten evangelischen Theologen Nationalsozialisten waren. Die Mehrheit der

Universitätsprofessoren in Deutschland hat nicht nur mit den Nazis kooperiert, sondern half durch ihre Opposition zur Weimarer Republik, den Samen zum Verfall der Demokratie zu säen. Die SS hatte eine große Anziehungskraft für viele deutsche Akademiker, die sich als neue Elite betrachteten. In den Konzentrationslagern gab es Ärzte, wie z.B. Dr. Mengele, für die Sensibilität ein Fremdwort war und die ihr Wissen in solcher Weise pervertierten, daß jede Form von Sadismus möglich war.

Damit soll nicht angedeutet werden, daß die deutschen Akademiker allein schuldig waren. Die französischen Professoren haben nicht mutig genug die Idiotie des Ersten Weltkrieges bloßgestellt. Wenige englische Professoren machten ihr Gewicht geltend gegen die Grausamkeiten der englischen Kolonialpolitik. Solcher Mangel an Zivilcourage ist weder an politische noch an gesellschaftliche Systeme gebunden, die immer wieder echte Bildung verhindert haben.

2

Der Angriff auf die Erziehung, wie sie ist, kann schon bei Sokrates gefunden werden. Man erzählt uns, daß er zu den sogenannten Weisen seiner Zeit ging, einschließlich der politischen Führer, Dichter, Geschäftsleute und Philosophen, und daß er nur den Anschein von Wissen fand; d.h. die Politiker bedienten sich leerer Schlagworte, die Dichter ließen sich von ihrer Intuition leiten, und die Geschäftsleute zeigten unstillbare Profitgier. Die Philosophen führten endlose Debatten über das Universum und spielten eine Weisheit vor, die sie gar nicht besaßen. Sokrates erkannte seine eigene Unwissenheit - und das war mehr als bloß eine Geste -, dadurch wußte er mehr als jene, die dachten, daß sie wüßten.

Wenn diese Demut das Hauptkonzept der pädagogischen Geschichte gewesen wäre, so wäre das menschliche Schicksal vielleicht ein anderes geworden. Der Mensch hätte vielleicht Toleranz erlernt und hätte entgegengesetzte Ansichten begrüßt. Er hätte vielleicht Offenheit dem Leben gegenüber praktiziert. Stattdessen hat er meistens Engstirnigkeit kultiviert und verfrühte Gewißheiten erreicht.

Der Wissenschaftler von heute hat magische Kräfte, besonders in Mitteleuropa glaubt man das. Er wird gewöhnlich für eine Enzyklopädie des Wissens gehalten. Er ist eine Autorität. Er sieht seine Studenten als zu kultivierende Objekte, die der intellektuellen Disziplin bedürfen. Gewiß, es gibt viele Ausnahmen, vor allem in unseren Tagen, in denen mehr Demokratie vorherrscht. Trotzdem, die Tatsache bleibt, daß die ganze konventionelle Vorstellung vom Wissenschaftler falsch ist. Er befindet sich nicht in einer überlegenen intellektuellen Situation; er hat keine besonderen Erleuchtungen. Hinsichtlich der entscheidenden Fragen unserer Zeit ist er auch nur ein Pilger auf der Suche nach tieferen Einblicken und einer umfassenderen Interdependenz.

In diesem Sinne können wir die Weisheit Jesu Christi richtig einschätzen. Ihm imponierten die Gelehrten seiner Zeit nicht. In der Tat griff er die Schriftgelehrten dauernd an wegen ihrer Oberflächlichkeit und Arroganz. Er wählte bewußt einfache Menschen als seine Jünger, denn sie waren nicht durch formale Erziehung korrupt gemacht worden und schätzten noch die Weisheit des Herzens.

Dies alles soll nicht die Gewichtigkeit des wirklichen Gelehrten unterschätzen und auch nicht die Bedeutung der Theorie für den menschlichen Fortschritt. Abstraktion und reine Nützlichkeitswertung sind zwei Extreme, die vermieden werden müssen. Abstraktion bedeutet mangelndes Bewußtwerden der Konkretheit und Komplexität des Lebens. Reine Praktikabilität beinhaltet einen Mangel an Perspektive, durch welche neue Einsichten und neue Relationen gefunden werden können. Während der großen geschichtlichen Epochen, wie z.B. in Athen, hatte Theorie ihren zentralen Platz, und das Nachsinnen über die Wahrheit wurde als hohe Tugend gewertet.

Die Schwäche dieser Ansicht lag jedoch zugleich darin, daß sie es unmöglich machte, Ideen auf konkrete Probleme anzuwenden und Bestrebungen durch Aktionen zu verwirklichen.

Besteht also dann ein grundsätzlicher Konflikt zwischen Analyse und Intuition, zwischen Wissen und Glaube, zwischen Religion und Wissenschaft, zwischen der Weisheit des Herzens und der des Verstandes? Die Antwort liegt darin, daß alle Analyse und Theorie auf den wesentlichen Gebieten der persönlichen und gesellschaftlichen Beziehungen inadäquat bleiben, solange nicht außergewöhnliche Motivation und jene Demut hinzukommen, die Jesus und Sokrates uns vorgelebt haben.

Wahrheit ohne Menschlichkeit weicht den Grundfragen aus. Wissen ohne Mitleiden ist nicht mehr als eine Eitelkeitsübung. Herzensweisheit ist Fundament und Ziel intellektueller Reife.

So können wir denn auch die Einsichten des Zen-Buddhismus betrachten. Zen glaubt, daß Buddha nicht predigte; er hielt nur eine Lotusblüte hoch.

Man sagt, daß eines Tages ein Schüler sich dem Meister näherte und fragte: »Meister, welcher ist der Weg zur Befreiung?« Die Antwort lautete: »Unterdrückt dich jemand?« - »Nein!« - »Warum suchst du dann Befreiung?«

Dies soll nicht einem Antiintellektualismus das Wort reden. Aber es ist ein Aufruf, die zentralen Einstellungen und Anliegen neu zu überdenken. Wenn wir eine konstruktivere Zukunft haben, wenn wir überleben wollen, dann müssen wir die Erziehung erneut betrachten, und zwar nicht als formalen Prozeß, sondern als ein Unterfangen, das Aufklärung bewirken soll, so daß der kulturelle Rückstand aufgeholt und echte Demokratie Wirklichkeit werden kann.


3


Die Menschheit ist von einem konventionellen Erziehungssystem beherrscht. Es ist ein Trainingssystem, in dem offizielle Wahrheiten unterstützt werden. Es hat starke Verwandtschaft mit dem Militärsystem. Im konventionellen Erziehungssystem stellt der Lehrer den Unteroffizier dar. Der Universitätsprofessor mag wie ein General sein und der Kulturminister ist sogar Feldmarschall. Die Aufgabe der Schule ist damit die des Drills und des Austreibens der Individualität. Der Schüler lebt unter dem Aspekt der Autorität. Prüfungen dominieren seine Existenz. Der ganze Prozeß, wie bei der Armee, ist negativ in Motivation und negativ im Effekt. Wie beim Militär ist auch der Schüler der Indoktrination ausgesetzt. Dies ist besonders der Fall im Geschichtsunterricht. Das Hassen wird gelehrt, natürlich für »gute« Zwecke.

Die konventionelle Schule ist eine Zitadelle der Regression. Sie verhindert Kreativität. Sie ist ein Zeichen eines subtilen Krieges gegen Fortschritt und gegen die Möglichkeiten des Menschen. Schauen wir uns die rein äußerliche Erscheinung der konventionellen Schule an, so sehen wir ein Bild der Trübseligkeit. Das Gebäude sieht wie ein Gefängnis oder ein Krankenhaus aus. Die Klassenzimmer sind bedrückend. Die Flure sind kahl. Ich habe solche Gebäude zur Genüge gesehen, in Schulen in Berlin, in Wien und in New York, in Stockholm und in Los Angeles. Wenn Psychater die Kinder in Elendsvierteln fragen, wie sie Lehrer sehen, so ist die erste Reaktion: »Wie Polizisten.«

Eine Schule hängt von ihrer Atmosphäre ab. Atmosphäre kann nicht quantitativ definiert werden und ist nicht konkret faßbar. Sie ist aber von primärer Bedeutung für den Erfolg oder Mißerfolg des erzieherischen Vorgangs.

Sicher, die äußere Erscheinung ist nicht das einzige Element, durch das die Atmosphäre in einer schulischen Institution bestimmt wird. Es gibt viele Schulgebäude in England, die an amerikanischen Verhältnissen gemessen als verfallen bezeichnet und abgerissen werden müßten und die trotzdem einen schöpferischen Geist des Lernens ausstrahlen. Einer meiner Freunde, Professor Hart von der Universität von Kalifornien, suchte eine Schule für seine Tochter. Zwei waren in der engeren Wahl: eine höchst moderne mit den neuesten modernen Lehr- und Lernmitteln, die sie anschaute und ablehnte; die andere lag in einem Elendsviertel und hatte eine ältere Dame als Rektorin, die Güte und Verständnis ausstrahlte. Als das Mädchen sie sah, lief es freudig auf sie zu und rief: »Dies ist die Schule für mich.«

Die konventionelle Schule beschränkt sich also weder auf Mittelklassendistrikte noch auf Elendsviertel. Eine Schule in Beverly Hills oder in Scarsdale oder im 19. Bezirk in Wien oder in den vornehmen Villenvierteln in Tokio kann ebenso deprimierend sein wie jede andere. In diesem Falle wird der Betrachter an einen exklusiven Club erinnert. Der Schüler hat alle Bequemlichkeiten und jeden erdenklichen Luxus. Er lebt ein komfortables Dasein und fährt den neuesten Wagentyp. Er wird geistig angeregt. Er genießt sogar kulturelle Veranstaltungen. Er bleibt jedoch im allgemeinen oberflächlich. Er ist nicht wirklich angesprochen durch seine Erziehung und nicht wirklich herausgefordert im Hinblick auf das moralische Dilemma unserer Zeit. Er bleibt bequemerweise unerweckt.

Für ihn spielt der Lehrer die Rolle eines glorifizierten Hausdieners. Der Schüler sieht meist auf seinen Lehrer hinunter, da er ein so uninteressantes Leben führt und so einen niedrigen sozialen Status hat. Ich erinnere mich an einen Gesellschaftsabend in einer der vornehmsten Villen von Beverly Hills. Die Gastgeberin war erregt, denn »der Hausdiener und der Lehrer waren verspätet«. Ich glaubte, der Lehrer werde den Gästen einen Vortrag halten und fragte, was sein Fachgebiet sei. Die Dame des Hauses erklärte: »Er wird für uns Klavier spielen. Wir brauchen Musik im Hintergrund, und er freut sich, ein paar Dollar extra verdienen zu können.« Nebenbei bemerkt, er erhielt weniger Geld für seine Dienste als der Hausdiener.

Für den vom Lebensstandard verwöhnten jungen Menschen ist Bildung kein höchstes Gut, sondern ein Mittel zum Zweck. Sie ermöglicht eine gute Universität, und damit erhöhen sich seine Einkommenschancen im Leben und sein gesellschaftlicher Status.

Konventionelle Erziehung zerstört unsere wichtigsten Fähigkeiten. Wo Menschlichkeit ist, betont sie Hierarchie; wo Großzügigkeit ist, betont sie Zweckmäßigkeit; wo existentielles Suchen notwendig ist, hält sie fertige Antworten bereit; wo Neugier besteht, schafft sie Abstraktionen.

Mit fünf Jahren steht das Kind dem Leben offen gegenüber. Es genießt neue Erfahrungen und Erlebnisse, und es vertraut anderen Menschen. Es fragt Tausende von Fragen. Es hat ein Talent, sich zu beteiligen. Es ist spontan in seinen Reaktionen. Mit fünfzehn Jahren ist das gleiche Kind meist weniger interessiert und weniger interessant. Es ist anderen gegenüber zurückhaltend und hat seine ursprüngliche Neugier verloren. Die konventionelle Erziehung ist schuld an dieser Entwicklung.

Welches sind die Ursachen dieses Abstiegs? Psychologen weisen womöglich auf die Pubertätsschwierigkeiten hin, die Anpassung schwer machen und in der die Gruppe wichtiger wird als alles andere. Aber das ist nur ein Aspekt des Problems. Lernen ist ein langweiliger Prozeß in den konventionellen Schulen. Es engagiert nicht emotionell, es sei denn im negativen Sinne. Der konventionelle Lehrer mit seinen Wiederholungen und Vorurteilen, mit seinen Tabus und Begrenztheiten, ist alles andere als ein Vorbild für junge Menschen. Die Examina sind Musterbeispiele für Sadismus. Der Unterricht wird immer mehr irrelevant. Schule ist etwas, das erduldet werden muß. Ferien und Sport werden zum summum bonum der Existenz.

Bei unserem gegenwärtigen Notensystem werden einige erfolgreich sein, während viele mittelmäßig bleiben und einige durchfallen werden. So wird ein Element der Hierarchie aufrechterhalten, wo Demokratie vorherrschen sollte. Thoreau bemerkte bereits, daß wir alle nach verschiedenen Tönen marschieren. Die konventionelle Schule schätzt stattdessen einen intellektuellen Gänsemarsch.

Europäische Zeitungen berichten fast jede Woche von Studenten, die Suizid begangen haben, weil sie bei Prüfungen durchfielen oder weil sie das Schulleben einfach nicht mehr ertragen konnten. In Japan begehen jährlich Hunderte von Studenten Selbstmord, weil sie nicht an exklusiven Universitäten zugelassen wurden.

Dies sind nur die dramatischen, die auffälligen Beispiele menschlicher Tragödie. Erziehung sollte des Menschen höchste Lebenserfahrung sein. Sie sollte unsere tiefsten Loyalitäten herausfordern. Sie sollte uns für Krisenzeiten vorbereiten. Sie sollte uns sachliche Perspektiven für Perioden des Erfolgs mitgeben. Sie sollte ein tiefes Verlangen nach Erhellung in uns einpflanzen.

Konventionelle Erziehung tut das Gegenteil. Sie verengt unseren Horizont. Sie ist ein Symbol der Entmutigung. Sie ist eine Einladung zum Fehlschlag, sowohl für einzelne als auch für Zivilisationen.

## 4

Fundamentale soziale Änderungen können durch Krieg, Revolution, Religion oder Erziehung erreicht werden. Krieg ist leider der traurige Begleiter aller Zivilisation. Seine Wirkung ist so ungeheuerlich, daß er nun sogar droht, die ganze Menschheit zu vernichten. Dies ist eine generell akzeptierte Aussage, die nur relativ wenige emotionell anrührt. Die Mehrheit hat sich an die Kassandras gewöhnt und flüchtet sich in die konventionellen Kommunikationsmittel. Aldous Huxley hat einmal bemerkt, daß Nationen Krieg gewöhnlich für unmoralisch erklären, dann aber spezifische Samen für Konflikte ausstreuen.

Technologie wird durch Kriege gefördert. Die großen Nationen investieren Riesensummen in die Technik, aber weniger für friedliche Zwecke als für »Verteidigungsmaßnahmen«. Die technische Welt ist eine Arena für die Zukunft. Ihre Computer und Erfindungen werden unser Leben beherrschen. Die Technik selbst ist neutral. Ohne Führung und Kontrolle kann sie ein Leviathan werden, der uns versklavt.

Wir können nicht zu der Einfachheit einer vorwissenschaftlichen Zivilisation zurückkehren. Wir können keine Oase finden, wie sie Thoreau beschreibt. Wir können uns nicht einmal Rousseaus Luxus leisten, der den Fortschritt der Zivilisation verachtete und sich nach noblen Wilden sehnte. Die Wilden, die wir kennen, sind weder nobel noch primitiv; sie sind in unserer Mitte.

Revolutionen fangen mit hohen Erwartungen an, wie beispielsweise die Französische Revolution, aber sie enden leicht in einer Atmosphäre der Gedankenkontrolle und Diktatur. Eine napoleonische Figur ist daher das logische Ergebnis der meisten Revolutionen - der antiken wie der modernen. Koestlers »Darkness at Noon« beschreibt vielleicht am besten die Distanz zwischen Ideal und Realität, die den revolutionären Terror symbolisiert.

Politische Lösungen sind abhängig von der Menschlichkeit der politischen Führer, die sie vortragen und ausführen. Wenn sie den Versuchungen der Macht erliegen, wenn sie vom Erfolg geblendet werden, wenn sie zuwenig Selbstkritik üben, dann verfehlt die Revolution ihren Zweck und wird zur Karikatur.

Konventionelle religiöse Belehrungen haben sich ebenso als historische Fehlschläge erwiesen. Der Abstand zwischen den großen Heiligen und einigen ihrer Nachfolger ist riesig.

Eine kreative Erziehung bietet am Ende die beste Hoffnung für die Menschheit. Das bedeutet, daß wir ein neues Konzept und eine neue Definition von Erziehung brauchen. Das bedeutet ferner, daß sich unsere erzieherischen Bemühungen nicht auf das Schulzimmer beschränken können, sondern alle Kommunikationsmedien und alle wichtigen Institutionen erfassen müssen. Das bedeutet Erziehung nicht nur im Sinne von Wissensaneignung, sondern im Sinne institutioneller Therapie und Rekonstruktion.

5

Die Einheit von Religion und Bildung - ein Hauptmerkmal der Bahá'í-Religion - ist ein Fundament für eine kreative Zukunft. Das bedeutet keinen Anspruch auf Absolutismus. Das beinhaltet nicht eine asketische Haltung, die immer wieder Heuchelei fördert und die einen Dualismus zwischen Geist und Körper entwickelt.

Die Würde der Frau ist ein Grundsatz des Bahá'í-Glaubens - ein Grundsatz, der die harmonische Entwicklung der Menschheit möglich macht. Doch wie oft wird die Frau in anderen Religionen unterdrückt! Wir brauchen nur an viele islamische Länder zu denken, wo die Frau kaum eine Chance zur Bildung hat, wo ihre Rechte nicht wahrgenommen werden.

Wenn die Frau in jeder Hinsicht gefördert wird, dann kommt ein neues Zeitalter der Verbundenheit. In dieser Sicht erklärt 'Abdu'l-Bahá: »In der Vergangenheit wurde die Welt durch Gewalt regiert, und der Mann herrschte aufgrund seiner starken und mehr zur Gewalt neigenden körperlichen und verstandesmäßigen Eigenschaften über die Frau. Aber schon neigt sich die Waage, Gewalt verliert ihr Gewicht, und geistige Wachsamkeit, Intuition und die geistigen Eigenschaften der Liebe und des Dienens, in welchen die Frau stark ist, gewinnen zunehmenden Einfluß. Folglich wird das neue Zeitalter weniger männlich und mehr von weiblichen Leitbildern durchdrungen sein.«

# II

# Frustrierte Reformen

>»*Der Mensch, der sich die
Elemente untertan
gemacht hat, bleibt selbst
ein Untertan.*«
Shelley

1

Die Anthropologie zeigt, wie Erziehung vorherrschende Wertbegriffe stärkt. Dies ist seit Jahrtausenden die Rolle der Schulen gewesen. Reine Wissensanhäufung schafft nur eine Superstruktur und bahnt lediglich bessere Wege, die Gebräuche des Stammes zu verteidigen.

Wenn wir den Stamm der Arapesch in Neuguinea beobachten, so finden wir, daß dort feminine Züge hoch angesehen und friedfertige Umgangsformen geschätzt werden. Bei der Kindererziehung wird daher jede Form der Gewalt vermieden. Der Mundugumorstamm hingegen betont Waghalsigkeit und Gewalt. Dort wird Kindererziehung von Kriegsertüchtigung geprägt, unter Betonung physischen Wagemuts.

Erziehung stellt sich auf vielfache Weise als intellektuelle Reflexion die anerkannten Erwartungen einer Gesellschaft dar.

Middletown, eine von den Soziologen Lynd und Lynd in Nordamerika untersuchte und so benannte Stadt, hat Universitäten errichtet, erstklassige Laboratorien unterhalten und ausgezeichnete Museen geschaffen, aber diese Institutionen sind nicht autonom. Ihr tatsächlicher Einfluß ist gering im Vergleich zu den Sitten und Gepflogenheiten der Gemeinde.

Das bedeutet, daß die Auffassung selbst, die man von Erziehung hat, sie zu Schwäche und Fehlschlag verurteilt. Seit Tausenden von Jahren ist Erziehung ein Mittel zum Zweck - im allgemeinen zu einem unedlen Zweck. Sie verstärkt die zwingenden Mächte der Gesellschaft und schmiedet Komplotte gegen die Autonomie des Individuums.

Sogar einige der großen pädagogischen Theoretiker hatten eine falsche Vorstellung von der Funktion der Erziehung. Für Plato war sie eine Art gesellschaftliche Kontrolle, welche die Traditionen aufrechtzuerhalten hatte. Aristoteles sah den Sinn der Erziehung darin, die einzelnen dahin zu führen, daß »sie lieben, was sie lieben sollen und hassen, was sie hassen sollen«. Da Aristoteles befürwortete, daß Erziehung vom Gesetz geregelt und vom Staat gelenkt werde, entsprachen diese Liebe und dieser Haß den herrschenden gesellschaftspolitischen Vorstellungen. Aristoteles selbst glaubte, daß Sklaven keine Erziehung erhalten sollten und daß die Bedürfnisse der Barbaren unbeachtet bleiben könnten.

Die historischen Reformen des Erziehungswesens waren weitgehend Opiate. Sie anerkannten die Entstehung neuer gesellschaftlicher Bedürfnisse, aber sie brachten keine eigentliche Aufklärung. Daher wurden in Rom Oratoren benötigt; öffentliche Reden zu halten, war ein Weg zum Erfolg. Quintilian befaßte sich infolgedessen ausschließlich mit den Regeln der Rhetorik.

Der vornehme Bürger der Renaissance war damit beschäftigt, das Leben zu genießen, und Castiglione empfahl ein Curriculum, das gesellschaftliche Umgangsformen ebenso pflegte wie akademische Kompetenz.

Die Kaufleute des 17. Jahrhunderts verlangten angewandtes Wissen, daher wandte sich Locke gegen das klassische Konzept des Curriculums. Ein pragmatischer Geist erhob sich in den Vereinigten Staaten und folglich bevorzugte Franklin die Pflege praktischer Fächer.

Die vorherrschenden sozialen Bedürfnisse können nicht ignoriert werden, aber sie müssen mit Abstand und Weitblick geprüft werden. Ohne eine solche Wertkontrolle wird Erziehung eine reine Anpassungsübung, wahrhaft ein Lob der Narrheit, wie Erasmus von Rotterdam richtig erkannte.

2

Die pädagogischen Reformen unserer Tage bieten ebenfalls wenig Hoffnung auf eine bessere Zukunft für die Menschheit. Sie klingen edel in der Theorie, wie politische Programme, aber in Wirklichkeit enthalten sie Kompromiß und Zweckmäßigkeit. Diejenigen, die die Reformen durchführen, sind in den seltensten Fällen originelle Denker. Sie sind meist Kultusminister, die mit Sitzungen überlastet und von einer Bürokratie abhängig sind; das ist genug, um jede echte Initiative im Keim zu ersticken.

Es besteht kein grundsätzlicher Unterschied zwischen der erzieherischen Bürokratie in Ost und West. In beiden Teilen der Welt entmutigt sie echte Erneuerungen. Sie mißtraut Änderungen, die die Routine unterbrechen können.

Der bedeutendste Reformer unserer Zeit in den Vereinigten Saaten war James Bryan Conant, früherer Rektor der Harvard-Universität und weithin anerkannter Wissenschaftler, aber es fehlte ihm an vertiefter Kenntnis humanistischer Wissenschaften. Er empfahl für die Sekundarklassen mehr Mathematik, intensiveres Sprachtraining und größere Betonung von Physik und Biologie. Als Folge davon wurden die Kunstfächer in den Sekundarlehrplänen noch mehr vernachlässigt als bisher.

Die amerikanischen Universitäten führten mit Forschungsgeldern Selbststudien durch. Damit waren im allgemeinen rein technische Veränderungen verbunden, die dazu dienen sollten, die Universität mehr an Harvard oder Yale oder die Universität von Kalifornien anzugleichen - die alle Modelle akademischer Tüchtigkeit sind, aber gewiß nicht Beispiele großer Kreativität oder wagemutiger humanistischer Unternehmungen.

In Westeuropa scheint der feudalistische Geist der Erziehung noch stärker zu sein als in den Vereinigten Staaten; folglich wurde versucht, Gesamtschulen einzuführen. Diese Maßnahme sollte begrüßt werden, kann aber nicht als eine wirklich bedeutsame Pionierarbeit im gesamten Erziehungswesen betrachtet werden. Im Vergleich mit den Vereinigten Staaten scheint die Möglichkeit, eine höhere Bildung zu erlangen, in Westeuropa noch entschieden geringer und das Prüfungssystem noch tiefer verwurzelt und festgefahren.

Einige scheinen zu erwarten, daß pädagogische Technologie ein neues erzieherisches Zeitalter heraufbeschwören wird. Lernmaschienen, Computer und audio-visuelle Lernmittel können einfach nicht ignoriert werden. Sie tendieren aber dahin, gegenwärtige Trends noch zu verstärken, und sie können keinesfalls die Schwierigkeiten, die eben nicht quantitativ sind und eine enge Beziehung zur Gesellschaftsstruktur haben, lösen.

Nichtautoritäre Erziehung hat einen neuen Reiz in unseren Tagen. Ihr Hohepriester war A.S. Neill, der Summerhill zu einem Mekka des pädagogischen Experimentierens gemacht hat. Als Anhänger Rousseaus glaubte er, daß das Kind sich selbst überlassen werden sollte und daß es selbst entscheiden könne, wann es arbeiten und lernen wolle. Er richtete ein Schulparlament ein, in dem Kinder und Lehrer sich die Verantwortung teilten. Seine Psychologie war von Freud her bestimmt, und so wendete sich Neill gegen alle sexuellen Tabus. Zivilisation und Buchwissen betrachtete Neill als sekundär. Für Politik zeigte er in der Tat wenig Sinn, und die Absolventen seiner Schule zeigten wenig aktives Interesse an politischen und gesellschaftlichen Vorgängen.

Die Vorzüge dieser Erziehung liegen in dem informellen Curriculum und dem Freisein von Langeweile und Angst vor Lehrern. Summerhill stellt einen angenehmen Gegensatz zur durchschnittlichen britischen öffentlichen Schule dar mit ihrer bürgerlichen Respektabilität und Beschränkung. Eine Studie, die 1968 von der Zeitschrift »Psychologie heute« durchgeführt wurde, zeigte jedoch, daß viele Summerhill-Absolventen sich beschweren, zu wenig intellektuell angeregt worden zu sein. Dies ist bedeutsam und erklärt, warum Neills Beispiel relativ geringe historische Wirksamkeit hat.

Die Künste und Wissenschaften sind nicht nur oberflächliche Belange des Menschen. Sie sind Zeichen seiner Kreativität. Richtig gesehen und interpretiert, ist Zivilisation eine befreiende Macht, und Kinder reifen in dem Maße, in dem sie sich von ihren Idealen angesprochen fühlen. Die Aufgabe der Schule besteht nicht einfach darin, Kindern freies Spielen zu erlauben, sondern darin, sie intellektuell zu fordern, ihren ästhetischen Sinn zu wecken und sie für die Verbesserung der Menschheit zu interessieren.

Echte Erziehung ist daher weder autoritär noch nichtautoritär. Sie ist Teil einer Hegelianischen Dialektik, These und Antithese, in der eine höhere Einheit geschaffen werden muß. Autoritäre Erziehung hemmt Fortschritt und verhindert echtes Lernen. Nichtautoritäre Erziehung ist aber kein magisches Heilmittel. Ein Kind, das nicht mehr tut als seinen augenblicklichen Einfällen nachzugeben, existiert auf einem niedrigen Niveau und reflektiert nur oberflächliche Züge der Gesellschaft. Ein großer Lehrer besitzt eine besondere, einmalige Autorität. Er befreit uns aus den Banden der Lethargie. Er stellt uns unsere größeren Verpflichtungen vor Augen. Er macht es uns nicht einfach. Seine Kunst besteht darin, daß er uns lehrt, uns schöpferisch zwischen Elementen der Selbst- und der Fremdbestimmung zu bewegen.

Eine verfrühte Ablösung von der Autorität ist wie eine verfrühte Beendigung der Therapie. Autorität sollte natürlich in angemessener Form ausgeübt werden und in der Strategie nichtdirektiv sein. Das höchste Ziel ist ja Autonomie; der Schüler soll lernen, seine eigene Wahl zu treffen und seine eigenen Talente und Urteilskriterien zu entwickeln.

Es ist tragisch, wenn Studenten ihre besten Jahre und schöpferischen Talente an minuziöse Forschungsarbeiten verlieren. Die Art, in der Assistenten in Mitteleuropa ausgenutzt werden, ist eine Schande. Sie sind oft nicht mehr als bezahlte Diener ihrer Professoren. Sogar in den USA werden die Fähigkeiten junger Menschen in der konventionellen Erziehung vielfach ignoriert. Es sollte nicht vergessen werden, daß die fähigsten Führer in der amerikanischen Kolonialgeschichte schon mit Anfang zwanzig oder dreißig weitgehende Verantwortungen trugen. Heutzutage würden sie ihre Talente an der Universität vergeuden.

Der große Vorzug der Jugend ist ihre Reserve an Enthusiasmus. Die besten Unterrichtsbeispiele, die wir in unseren Tagen aufzuweisen haben, liegen zum Teil bei den »Freiheits-Schulen« im Süden der Vereinigten Staaten, wo Studenten den Unterricht erteilen. Gerhard Klauda, ein österreichischer Medizinstudent, lehrte in Äthiopien und erreichte es durch seine persönlichen Bemühungen, die Einstellung der Regierung der Lepra gegenüber zu ändern. Seine Professoren zu Hause hatten ihn zurückzuhalten versucht, da er »zu jung und unerfahren sei für ein solches Unternehmen und nicht die erforderlichen beruflichen Qualifikationen besitze«.

## 3

Die bedeutendste erzieherische Reform, die es je gegeben hat, war vielleicht diejenige, die in Athen stattfand. Sie dauerte nicht lange, da die Folgen des Peloponnesischen Krieges sich bemerkbar machten. Sie bestand nicht primär als Erfolg der Bemühungen eines Mannes oder einer Regierung, sondern in der Befolgung einer Lebensweise.

Die Athener schätzten die Einmaligkeit des Menschen. Das Leben sollte genossen werden. Es gab keinen Dualismus zwischen natürlichen und übernatürlichen Tugenden. Weisheit, die im Erforschen aller Aspekte des Seins bestand, wurde hoch geschätzt. Ein besonders geehrter Bürger war der Philosoph, der, wie Protagoras, zu großen Versammlungen sprach. Es war nicht eine Philosophie des Vorlesungssaals, sondern des Marktplatzes. Das konventionelle Erziehungssystem der Athener war nicht besonders bemerkenswert. Rechtschreiben, Lesen, Rechnen, Musik, Sport und einige Elemente der Literatur, vor allem Homer und Hesiod, das war die Substanz der Studien. Es mußte viel auswendig gelernt werden, besonders aus Homer.

Das Beachtenswerte an Athen war seine Atmosphäre und die Betonung, die es auf Erwachsenenbildung und auf aktive Teilnahme legte. Kunst war nicht nur für wenige; sie war in Gebäuden und Bildern verkörpert und in Statuen, sie konnte von allen bewundert werden.

Der Lebensstil betonte Einfachheit, so daß geistige Kontemplation möglich blieb. Drama und Komödie wurden von vielen geschätzt, und Könige wetteiferten in dramatischen Wettbewerben. Das politische Leben bestand in dauerndern Diskussionen, und der einzelne Bürger konnte das Gefühl haben, daß er am Schicksal seines Stadtstaates mitwirkte. Ein Ausmaß an Toleranz hatte sich entwickelt, das gewiß größer war als in anderen Staatsgebilden der damaligen Zeit. Sogar die Verfolgungen des Sokrates und Anaxagoras waren unbedeutend im Vergleich zu der Gedankenkontrolle, die es in antiken und modernen Staaten gab und gibt. Im allgemeinen war das Geistesleben in Athen von Freiheit bestimmt, und das bedeutete Glauben an die kreativen Mächte des Menschen.

Die Sophisten, wie Protagoras, Gorgias und Hippias, symbolisierten beides, die besten und die schlimmsten Aspekte athenischer Erziehung. Sie waren talentierte Lehrer, die fast ein jedes Thema behandeln konnten. Es mangelte ihnen aber an Tiefe, sie schätzten Technik höher als Substanz. Sie machten ihre Hörer darauf aufmerksam, daß moralische Standpunkte relativ sind. Die meisten von ihnen waren Männer der Zweckmäßigkeit, und ihr Ziel war nicht so sehr Weisheit, sondern eher Erfolg.

Die Sophisten waren am Menschen interessiert; sie achteten seine Möglichkeiten. Da aber die meisten unter ihnen keine dauerhaften Prinzipien hatten, wurden sie korrupt durch ihren Erfolg, ihre Beliebtheit und die Macht ihrer Eloquenz. Auf diese Weise nahmen sie die Situation der Apostel moderner Kommunikationsmittel, nämlich des Fernsehens und des Journalismus, vorweg.

Das athenische Experiment versagte, als die Spartaner Athen besiegten. Große Denker wie Plato und Aristoteles setzten zwar die ehrwürdige Tradition fort, aber das war bereits der Nachsommer der athenischen Kreativität. Später, im hellenistischen Zeitalter (ab ca. 322 v.Chr.) finden wir eine ornamentale Kunst; Dramatiker wie Menander bevorzugten landeseigene Komödien und hatten nicht eine so kosmopolitische Sicht wie Sophokles und Aischylos. Die Kultur verteilte sich und blühte auch in Städten wie Alexandrien, Pergamon und Rhodos. Die Wissenschaften, wie das auch heute der Fall ist, spezialiserten sich. Die Anwendung der Theorie wurde betont und nicht mehr so sehr die ursprüngliche Spekulation. Die Universität von Alexandrien hatte nicht mehr die Vitalität der athenischen Schulen. Erziehung und Bildung waren technisch gut, aber es mangelte an Vorstellung und Wagemut in der Konzeption. Bildung wurde zum Privileg einer ausgesuchten Klasse und war nicht mehr ein Anliegen der ganzen Bevölkerung. Tatsächlich war während der hellenistischen Periode, wie in unserer Zeit, die Volkskultur auf einem niedrigen Niveau, und Aberglaube verbreitete sich in allen Bevölkerungsschichten. Eine Anzahl intellektueller Modeströmungen wechselten einander ab, aber sie taten wenig für die kreativen Kräfte der Zivillisation.

Die hellenistischen Gelehrten waren hauptsächlich an Forschung interessiert. Wie die heutigen Professoren versuchten sie, die Glorie der Vergangenheit wiederzuentdecken.

In der hellenistischen Volkskultur finden wir sowohl extremen Skeptizismus als auch extremen Glauben. Im alltäglichen Leben wechselten Askese und Hedonismus einander ab. Verfolgungen von Minoritäten wie der Juden lenkten die Bevölkerung von den drängenden ökonomischen Problemen ab.

Die technischen Hilfsmittel waren viel besser in Alexandrien als in Athen. Die alexandrinische Universität hatte Tausende von Büchern. Die Universität wurde von vielen Studenten anderer Länder besucht. Ihre zoologische Sammlung überstieg bei weitem die Mittel des aristotelischen Lyzeums, aber ihr Geist war minderwertig im Vergleich zu dem, der in Athen herrschte.

In seinem bemerkenswerten Buch »The Passing of the European Age« macht Eric Fischer auf die Analogien aufmerksam, die zwischen der hellenistischen und der amerikanischen Zivilisation bestehen. Beide schätzen Praktibilität und machen große Fortschritte in der Technologie. Beide machten Anleihen bei anderen Nationen und zeichneten sich durch ihre wirtschaftliche Organisation aus. Beide schafften ein inneres Proletariat, welches die politische und die gesellschaftliche Stabilität bedrohte. Der Mysterienkult, der in Alexandrien beobachtet werden konnte, läßt sich mit dem Einfluß vergleichen, den orientalische Glaubenslehren auf amerikanische Bevölkerungskreise haben.

Im Schicksal Alexandriens haben wir einen Spiegel für unsere eigenen pädagogischen Verhältnisse. Auch wir haben ausgezeichnete technische Einrichtungen, und wir spezialisieren uns auf allen Wissensgebieten. Auch wir betonen den formalen Vorlesungssaal und nicht etwa den Marktplatz. Auch wir neigen zu Extremen in unseren moralischen Einstellungen. Auch wir sind geblendet von Größe. Vor allem aber: Auch wir haben eher ein System des Trainings als der echten Bildung.

Aristoteles betonte, das beste Regierungssystem sei das des Mittelstandes. Das bedeutete ein Vermeiden von Extremen und von zwei Klassen, die in ewigem Streit miteinander lagen. In Alexandrien wurde die Suche nach Reichtum für weit wichtiger gehalten als das Streben nach Weisheit, und Verschwendung konnte neben größerer Armut beobachtet werden.

Worauf es bei pädagogischer Reform ankommt: auf den Lebensstil des einzelnen und den der Gesellschaft. Die Athener verstanden für kurze Zeit in einmaliger Weise die Wichtigkeit des Vernunftlebens. Vernunft war nicht ein Vorwand, nicht eine Theorie, sondern eine Wirklichkeit, die nicht nur die Philosophie anging, sondern auch die Kunst, Wissenschaft und Politik. Der athenische Bürger genoß Erziehung, er erduldete sie nicht. Er philosophierte in seiner Freizeit; gleichzeitig vernachlässigte er aber nicht die Bedürfnisse seines Leibes. Seine Lehrer waren nicht Spezialisten. Sie interessierten sich für alle Lebensgebiete. Seine politischen Führer, wie Perikles, bauten nicht für Profit und Nützlichkeit. Für sie war Schönheit ein lebendiges Ideal. Der Dialog war die Grundlage in der griechischen Erziehung und in der Politik. Er ist seither immer vernachlässigt worden. In der Erziehung haben wir an seiner Stelle die Vorlesung, in der Politik die Debatte, die emotionell geladen ist und die Dinge nicht sachlich erwägen kann.

Kann der athenische Geist in unserer Zeit wiedererweckt werden? Können wir dieselbe Qualität in der Erziehung erreichen? Können wir den gleichen Freizeitstil haben? Können wir dieselbe Renaissance erleben? Aldous Huxley beantwortete diese Frage in der Einleitung zu einem meiner Bücher mit einem emphatischen Nein. Er bestand darauf, daß in einer verstädterten, entpersönlichten, utilitären Zivilisation solche Zustände unmöglich wieder entstehen könnten. Ich meine aber, daß wir im nächsten Jahrhundert, wenn es uns wirklich gelingt, Erziehung und Institutionen zu reformieren, den Athenern an schöpferischer Tätigkeit gleich sein werden.

Wir sollten jedoch die negativen Seiten des athenischen Lebens nicht verschweigen, so z.B. die gefühlsbetonten mystischen Religionen, den Mangel an Bildungmöglichkeit für Frauen, den inadäquaten Status der Sklaven und die Instabilität der politischen Einrichtungen.

4

Im Zen-Buddhismus wird betont, daß es zwei fundamentale Fehler in unserer Betrachtungsweise gibt: wenn wir zu sehr bewundern oder wenn wir zu kritisch sind.

Vergessen wir nicht, daß eine globale Sicht, die auf der Basis der Gleichheit beruht und die keinen Unterschied zwischen Nationen macht, keine Rezeption in Athen fand. Doch ohne globales Verständnis und Kooperation kann es keinen echten Fortschritt geben, und Friedensbemühungen werden keinen Erfolg haben.

Deshalb ist der Bahá'í-Glaube so bedeutend. Er betont die Notwendigkeit der Zusammenarbeit in jedem Bereich. Er kämpft gegen jede Form des Fanatismus und gegen jede einseitige Betrachtungsweise. Er betont, daß die Menschheit nicht von einer Nation dominiert werden kann, denn das führt immer wieder zu Aggression und zu Krieg. Er verlangt ein neues Denken, so daß die nationale Macht durch eine internationale Interessengemeinschaft ersetzt wird. Er fordert, daß im atomaren Zeitalter, in dem die Kräfte der Zerstörung so viel bestimmen, überall ein schöpferisches Denken gefördert wird - ein Denken, das von einem humanistischen Geist beseelt ist.

Das ist kein utopischer Idealismus, sondern eine realistische Grundlage für die zukünftige Entfaltung der Menschheit. Albert Einstein erklärte: »Die entfesselte Kraft des Atoms hat alles verändert, nur nicht unser Denken.«

Kann ein konventionelles Erziehungssystem ein neues Denken entwickeln? Die Antwort kann nur negativ sein.

5

Das Schicksal erzieherischer Reformen ist wie das von vielen religiösen Erneuerungen. So spricht der große Religionserneuerer mit wagemutiger Überzeugung und plädiert für Universalität. Seine Anhänger sind jedoch von den Idolen des Augenblicks geblendet und leben eher von der Negation als von der Affirmation.

In der Renaissance forderte Vittorino da Feltre eine Erneuerung des Bildungvorgangs, der die glanzvolle griechische und römische Literatur betonen sollte. Erasmus wollte die Gesellschaft durch Anwendung von Vernunftsprinzipien reformieren. Lernen war für ihn eine Lebensform und ein Schutz gegen alle Arten von Fanatismus. Aber der Humanismus wurde trotzdem zu einer statischen Angelegenheit und sank zur philosophischen Diskussion über Griechisch und Latein herab.

Im 18.Jahrhundert blickten Erneuerer wie Voltaire einer Blütezeit der Vernunft und der Toleranz entgegen. Diese Hoffnungen wurden jedoch durch Napoleons Autokratie vernichtet. In seinen Augen waren Lehrer Diener des Staates.

In Deutschland wollten Goethe und Schiller eine universale Form der Kultur schaffen, aber diese Ideale scheiterten an der Unbeweglichkeit der preußischen Bürokratie und später auch durch den Sieg Bismarcks, der mehr von Gewalt hielt als von Vernunft, mehr von Nationalismus als von Universalkultur.

## 6

In der japanischen Kultur wurden die Ideale von Konfuzius und Buddha den Ansprüchen des Staates untergeordnet. Die Tokugawa shogunate hatten schon den Konfuzianismus dazu benutzt, ein System von Beziehungen zu knüpfen, das die militärischen Künste hervorhob. In modernen Zeiten, nach der Meiji-Restaurierung im Jahre 1868, wurde Kaisertreue zur höchsten japanischen Tugend.

Zwei Jahre früher hatte der bekannte japanische Gelehrte Kozaki ein Buch geschrieben,»Seikyo Shinron«, in dem er die vorherrschende konfuzianische Grundlage für Moral und Erziehung attackierte, weil sie Hierarchie zu einem fundamentalen Wert und Gehorsam zu einer Grundtugend machte. Hatte nicht demnach der Sohn dem Vater folgen sollen? War der jüngere nicht dem älteren Bruder verantwortlich? Waren Untertanen nicht dem Kaiser zu dienen verpflichtet? Kozaki drängte daher im Gegenteil auf eine interpersonale Gesellschaft, in der echte Freiheit herrschen konnte; aber er war nur eine vereinzelte Stimme inmitten eines autoritären Systems.

Die Japaner waren vor allem von dem preußischen Erziehungssystem und vom industriellen Fortschritt in Preußen beeindruckt. Auch die japanische Bürokratie schätzte die Ideale vom Pflichtbewußtsein und der Unterordnung des einzelnen unter den Staat. Im Jahre 1890 machte die japanische Regierung das Studium der Ethik in den Schulen zur Pflicht. Dieses Pflichtfach hatte jedoch, milde ausgedrückt, wenig mit authentischem Konfuzianismus oder Buddhimus gemeinsam.

7

In den Vereinigten Staaten forderte Jefferson Erziehung zur Demokratie, die aktive Beteiligung am politischen Geschehen, hohe Führungsqualitäten, Dezentralisierung und Aufklärung der Öffentlichkeit mit sich bringen sollte. Solche Forderungen scheinen jedoch utopisch in einem bürokratischen Zeitalter, in dem Entscheidungen nach dem Zweckmäßigkeitsprinzip und unter Bedachtnahme auf das Image in Presse und Fernsehen getroffen werden.

Einer Schätzung zufolge sitzen amerikanische Schüler zwischen Kindergarten und Sekundarabschluß etwa 10.000 Stunden im Schulzimmer, aber im gleichen Zeitraum 15.000 Stunden vor dem Fernsehapparat. »Bonanza«, eine Fernsehserie über den amerikanischen Westen, wurde von 400 Millionen Menschen in 79 Ländern gesehen. In Europa mögen die jungen Menschen weniger Zeit vor dem Fernseher verbringen, aber wir können seinen Einfluß trotzdem nicht außer acht lassen; er stellt eine vielfältige Sinnesreizung dar und versieht uns mit einer fast täglichen Dosis von Brutalität.

Kommunikation ist Prüfstein und Kern der Erziehung. Wenn wir die Erziehungsziele verbessern wollen, dürfen wir Fernsehen, Radio, Kino und die Wertvorstellungen, die von diesen und anderen Massenmedien verbreitet werden, nicht unbeachtet lassen. Auch über den Einfluß des Werbe- und Reklamewesens dürfen wir nicht hinwegsehen; es schafft Dauerkonsumenten, indem es den Verbraucher in einem ununterbrochenen Zustand des Mehrhaben-Wollens und Unbefriedigtseins hineinmanövriert.

Die Aufgabe besteht nicht allein darin, mehr pädagogische Fernsehprogramme auf den Bildschirm zu bringen. Das Ziel kann auch nicht lediglich darin bestehen, die Öffentlichkeit besser zu informieren. Noch würde es genügen, die Grundsätze und ethischen Richtlinien des Journalismus zu verbessern. Wir müssen die Gesamteinrichtungen der Kommunikationmittel so ernsthaft in Augenschein nehmen, wie wir das mit den Schulen machen. Wenn wir ihnen weiterhin gestatten, eine brutalisierte, sensationelle und oberflächliche Version vom menschlichen Leben darzustellen, so öffnen wir einem pervertierten und korrupten Bild vom Menschen Tür und Tor.

Echte Erziehung verlangt Umdenken. Es ist die Aufgabe der Schule, tiefes Interesse für wahre Kultur zu wecken, unser Kulturempfinden zu verfeinern und uns zu Unternehmungen anzuregen, die über die eigenen unmittelbaren Belange weit hinausreichen. Es ist die Aufgabe der Kommunikationsmedien, soziale Verantwortung zu wecken; sie haben ja heute weltweite Einflußbereiche. Sie können den Samen streuen für Haß und Antagonismus, aber sie können auch den Grundstein legen für kreatives Wachstum und internationales Verständnis.

# III

# Persönliche Erfahrungen

*Der Lebensverlauf des einzelnen ist
ein stetiger Prozeß der Selbstwerdung.*
Erich Fromm

1

Erziehung ist kein abstrakter Vorgang. Sie hängt von Motivationen ab und bewahrheitet sich durch ihre konkrete Wirkung. Sie reflektiert unsere eigenen Strebungen, von denen manche unbewußt bleiben mögen. Sie ist im Grund eine persönliche und soziale Autobiographie.

Als ich die Universität mit hoher akademischer Auszeichnung verließ, war ich hauptsächlich an Bücherwissen interessiert. Mein erstes Interesse galt klassischer deutscher Philosophie. Ich hatte kaum soziale Interessen. Für mich stand die Welt des Geistes an erster Stelle.

Im Sommer nach meinem Abgang von der Universität wurde ich Assistent des Leiters eines Ferienlagers für kriminelle Jugendliche. Es waren 14- bis 18jährige Knaben mexikanisch-amerikanischer Herkunft aus Long Beach. Das Lager selbst war primitiv. Die Jugendlichen schliefen unter freiem Himmel. Sie aßen draußen, hauptsächlich Spaghetti und Bohnen. Es gab weder Telefon noch Radio. Wir waren wie abgeschnitten von der übrigen Welt.

Der Leiter des Lagers, Tony Randles, war einer der hervorragendsten Erzieher, die ich je kennengelernt hatte. Er war kein Akademiker. Er hatte bei seinen juristischen Examina mehrmals versagt, aber er war von so großzügiger Freundlichkeit und so fester innerer Ausgewogenheit, daß sie ihm sichere Führungsqualitäten verliehen.

Mein Entsetzen war groß, als die Jugendlichen im Lager ankamen. Sie waren unglaublich laut, und ihre Ausdrucksweise war über die Maßen vulgär. Alle hatten Messer bei sich, und sie kannten keinen Respekt vor Eigentum. Die älteren Jungen terrorisierten die jüngeren. Während der ersten Nacht mußte der Leiter eine Reise nach Los Angeles machen, und ich war allein mit der vollen Verantwortung. Sie hörten in keiner Weise auf mich. Ich wollte ein Lagerfeuer mit ihnen machen, aber sie zogen es vor, sich zu einem in der Nähe befindlichen Mädchenlager zu begeben, um sich dort zu amüsieren. Die Forststation mußte Männer schicken, die die Jungen wieder ins Lager zurückbrachten.

Später in der Nacht befahl ich einem Jugendlichen, mir sein Messer zu geben. Er sah mich nur verstockt an und hätte mich fast erstochen. Es war wie in einem schlechten Wildwestfilm. Ich glaubte, er werde mich angreifen, sobald ich eine Bewegung auf ihn zu machte. Nach ein paar Minuten händigte er das Messer aus. Später erst erfuhr ich, daß die Jungen ein Milchauto entführt hatten und daß der vorige Assistent mit einer Messerwunde ins Krankenhaus gebracht worden war.

Am nächsten Tag kam Tony zurück und brachte wieder Ordnung ins Lager. Ich war verstimmt und wollte das Lager verlassen. Warum sollte ich mich solch ungezügeltem Verhalten aussetzen? Warum unter Wilden leben, die doch nicht zivilisiert werden können?

Aus irgendeinem Grunde blieb ich aber doch. Es wurde die wichtigste pädagogische Erfahrung meines Lebens. Es wurde mir klar, daß theoretisches Wissen allein unbedeutend ist, daß Theorie allein eine Ausflucht sein kann und daß konventionelle Vorstellungen von Gut und Böse oberflächlich sein können, daß Erziehung aus mehr besteht als aus dem Schulbesuch, als Prüfungen bestehen und Zeugnisse oder Diplome erwerben. Die Jugendlichen waren tatsächlich Repräsentanten für die Millionen in der ganzen Welt, die konventionelle Erziehungsformen einfach ablehnen.

Mein Verständnis fand eine Erweiterung. Ich lernte, diese Jugendlichen so zu sehen, wie sie waren, wie sie selber sich sahen. Die meisten kamen aus großen Familien, die in schlimmster Armut lebten. Ihre Vergnügungen waren physischer Natur, und sie wollten ihre Bedürfnisse sofort befriedigt sehen. Ihre Idole waren nicht Wissenschaftler, sondern Gangster mit großen Wagen und schönen Mädchen. Ihre Lehrer waren für sie Symbole der Repression, Teil einer Mittelklassenkultur, die ihnen fremd war. Für die Vertreter der Respektabilität waren sie Parias und mußten als solche behandelt werden. Ich lernte, ihnen vorurteilslos zuzuhören. In dem Maße, in dem sie meine veränderte Haltung wahrnahmen, änderte sich ihre Einstellung mir gegenüber.

Ich habe meine neue Einstellung nie genau definiert, aber ich hörte auf, herablassend zu sein. Die Relativität der gesellschaftlichen Werte wurde mir bewußt. Wäre ich im gleichen Milieu aufgewachsen wie sie, hätte ich vielleicht auch nur Comic-Bücher als primären intellektuellen Anreiz gehabt. Ich selbst hätte vielleicht auch antisoziale Tendenzen entwickelt.

Wir sprachen von ihren Zielen für die Zukunft. Sie wollten vor allem möglichst viel Geld verdienen, damit sie aus ihrer jetzigen Umgebung herauskamen. Ich versuchte, ihren Horizont zu erweitern, ihnen andere, konstruktivere Möglichkeiten aufzuzeigen. Während eines Ausflugs über Nacht begann ich, ihre eigentliche Menschlichkeit zu entdecken. Es war etwa 3 Uhr morgens, und die Bergluft war kalt. Ich hatte nur eine Wolldecke. Einer der schlimmsten Asozialen sagte zu mir: »Sie frieren. Nehmen Sie meine Decke.« Ich verweigerte sie natürlich, aber es war eine der selbstlosesten Gesten, die ich je erfahren habe.

Umgeben von jungen Gesetzesbrechern begann ich, die volle Bedeutung des erzieherischen Geschehens zu erkennen. Hier war mir eine Welt unglaublicher Gewalttätigkeit begegnet; einer unserer Jugendlichen wurde später wegen Mordes zum Tode in der Gaskammer verurteilt. Mindestens zehn andere erhielten später Gefängnisstrafen. Einige jedoch wurden Lehrer, einer wurde ein bekannter Wissenschaftler, einige gingen in die Sozialarbeit.

Ich gewann neue Freunde. Wenn sie in Schwierigkeiten gerieten, suchten sie mich auf. Für einige konnte ich Studienstipendien besorgen. Die meisten von ihnen waren für mich von größerem Interesse als meine akademischen Freunde. Sie hatten Wärme und Spontaneität. Es gab in ihren Reaktionen nichts Gekünsteltes.

Vor allem hatte ich erkannt, daß sich Erziehung nach dem Grad menschlichen Naheseins bemißt, daß ohne Gefühl, Sympathie und Güte niemand wirklich innerlich angerührt werden kann. Es war eine neue Art des Dialoges für mich, ein Dialog auf emotionaler Ebene. Es wurde mir klar, daß Erziehung viel mehr beinhaltet als konventionelle Fähigkeiten. Ein neuer Geist ist vonnöten.

Ich war nicht wirklich ein »Erfolg« im Lager. Was Tony und ich tun konnten, war zu wenig und kam zu spät. Wir konnten kein vollwertiger Ersatz für die mangelhafte häusliche Situation sein oder für die Schulen und Gemeinden, die diese jungen Menschen vernachlässigt hatten. Ein Lagerbewohner hatte zu mir gesagt: »Niemand kümmert sich um mich. Mein Vater ist fast immer betrunken. Meine Mutter muß für viele andere Kinder sorgen. Meine Lehrer sind überzeugt, daß ich verdorben bin. Es ist ganz egal, ob ich lebe oder sterbe.«

Das Lager wurde von den Woodcraft Rangers, einer kleinen Organisation, unterhalten. Ihre Geldmittel waren begrenzt. Aber sie trugen mehr zur Behebung der Kriminalität bei als Organisationen, die zehnmal soviel Geld hatten. Die meisten ihrer Jugendleiter lebten mit diesen Jugendlichen und kannten daher ihren Hintergrund und ihre Anliegen.

Seit meiner Erfahrung mit diesem Lager habe ich nie aufgehört, mich für Jugendarbeit zu interessieren und mich in ihr aktiv zu betätigen. Im Klassenzimmer bekommen wir nur einen fragmentarischen Eindruck von den Schülern. Unsere Kontakte dort tendieren dazu, formell und oberflächlich zu bleiben. Wenn wir mit ihnen leben, wie Pestalozzi es tat, dann gewinnen wir eine andere Perspektive.

Es wurde mir deutlich, daß wir als Lehrer eine tiefgreifende Einstellungsänderung vornehmen müssen. Anstelle objektiver Werte brauchen wir mehr subjektive Beteiligung; anstelle rigider Disziplin brauchen wir Verständnis. Anstelle von Herablassung müssen wir unsere gemeinsame Menschlichkeit erkennen. Anstelle von Intellektualismus brauchen wir existentielle Verbundenheit. Diese Jugendlichen im Lager waren Opfer eines Erziehungssystems, das sie als Gegenstände, als Fälle betrachtete. Sie bedurften einer Ich-Du-Beziehung, wie Buber es genannt hat, aber die meisten von ihnen hatten das nie erfahren. Stattdessen waren sie auf Mauern der Ablehnung und des Unverständnisses gestoßen. Es steht außer Zweifel, daß ich aus diesem Erlebnis mehr mitnahm als sie. Ich hatte ein Leben der Isolierung geführt; ich hatte am Schrein der Respektabilität und der Konvention meine Andacht verrichtet. Ich war nicht wirklich engagiert gewesen, sondern hatte auf oberflächliche, analytische Weise gelebt. Ich mußte mehr von mir selbst hergeben. Ich mußte in den Bereich der Gesellschaftspathologie eindringen, um in den Wirren solche Erfahrungen und in der Teilnahme an ihnen einen neuen Sinn zu finden.

2

Das zweite Erlebnis, das entscheidenden Einfluß auf meine berufliche Laufbahn ausübte, war meine Arbeit mit der Fareed-Holmes-Stiftung für menschliche Beziehungen (»Foundation for Human Relations«) in Los Angeles. Es war eine bemerkenswerte Gruppe, zusammengesetzt aus Dr. Adolf Keller, dem Begründer des Weltkirchenrates, Dr. Omar Fareed, einem Spezialisten der psychosomatischen Medizin, der eines der jüngsten Mitglieder des Lehrkörpers der medizinischen Fakultät der Universität von Chicago war, Ernest Holmes, ein bekannter Redner und Schriftsteller, William Hornaday, ein Berater von Ruf und Experte in mitmenschlichen Beziehungen, sowie Donald Fareed, ein angesehener Jurist mit Erfahrungen in internationalen Beziehungen. Wir engagierten einen Spezialisten für psychologische Tests und hielten Sitzungen, zu denen die Öffentlichkeit eingeladen war und bei denen hervorragende Redner über die verschiedensten Aspekte menschlicher Beziehungen sprachen; anschließend gab es Podiumsdiskussionen, bei denen Ideen und Interessen zwischen Publikum und Veranstaltern ausgetauscht wurden.

Dr. Adolf Keller war ein enger Freund von C.G. Jung und Albert Schweitzer. Schweitzer interessierte sich sehr für unsere Arbeit, besonders auch, weil Dr. Fareed mit ihm in Lambarene eine Zeitlang tätig war.

Durch meine Erfahrungen in dieser Stiftung wurde mir immer deutlicher, welche besonderen medizinischen Probleme die Großstadt mit sich bringt. Es gab viele Fälle potentiellen Suizids. Es kam oft vor, daß ich spät in der Nacht von Menschen angerufen wurde, die glaubten, das Leben habe keinen Sinn mehr. Was ich bei solchen Gelegenheiten sagte, war weniger wichtig als die Tatsache, daß jemand da war, der sich ihrer annahm und ihnen wirklich zuhörte. So war dann die subjektive und objektive Dunkelheit nicht mehr ganz so erdrückend wie vorher. Da war ein Mädchen, das mit 15 Jahren schon mehrere Schwangerschaften hinter sich hatte und dessen Erlebnisse jede Vorstellung übertrafen. Sie war halb Kind, halb Erwachsene, und suchte in sexuellen Experimenten das, was ihr das armselige Zuhause vorenthielt.

Wir halfen vielen Alkoholikern und Drogenabhängigen. Erfolg war in diesen Fällen schwer zu erringen. Rückfälle passierten immer wieder, da sowohl Alkoholismus als auch Drogensucht zum Teil wenigstens umweltbedingt sind und ohne Hilfe seitens der Gesellschaft, ohne soziale Rekonstruktion ein dauerhafter Erfolg nicht bewirkt werden kann. Die Klienten gehörten allen Altersgruppen an und kamen aus verschiedensten Bildungsschichten. Es gab promovierte Akademiker unter ihnen und Leute mit Volksschulbildung. Einige waren finanziell bestens gestellt, aber sie waren ebenso verzweifelt wie jene, die in ärmsten Verhältnissen lebten.

Ein Fall bleibt mir unvergessen: der Mann hieß John Hunt, und er war ein erfolgreicher Vertreter gewesen. Er hatte ein Haus in einer guten Wohnlage besessen und darin mit seiner Frau und seinem fünfjährigen Kind gelebt, die er beide sehr liebte. Wie viele Akademiker lebte er über seine Verhältnisse. Plötzlich verlor er seine Stelle und begann zu trinken. Er hatte Streit zu Hause, und seine Frau verließ ihn mit dem Argument, sie wollte nicht mit einem Versager verheiratet sein. Sie ließ sich scheiden und nahm das Kind mit.

Wir versuchten, ihm zu helfen und fanden eine neue Anstellung für ihn. Nachdem wir ein paar Wochen nichts von ihm gehört hatten, versuchte ich, mich mit ihm in Verbindung zu setzen. Ich ging zu der kleinen Wohnung, die er gemietet hatte und läutete. Niemand meldete sich. Der Hausmeister schloß die Tür auf, und wir fanden John Hunt tot in seinem Zimmer liegen. Er hatte sich mit Schlaftabletten vergiftet. Auf einem Zettel stand: »Die Einsamkeit ist zu viel für mich. Lebt wohl.« Es war genau wie in Arthur Millers Stück »Der Tod eines Handlungsreisenden«.

Es gab auch komische Situationen. Ein Pastor einer kleinen religiösen Sekte mit puritanischen Vorstellungen, verheiratet mit einer phantasielosen und sexuell unattraktiven Frau, hatte eine Schwäche für Varietévorstellungen. Er fürchtete, von einem seiner Kirchgänger gesehen zu werden und in die Hölle zu kommen!

Was habe ich gelernt von alledem? Welches sind die bedeutsamen Erkenntnisse, die ich durch diese Erfahrungen erworben habe? Ich habe gelernt, intensiver zuzuhören. Eine Hauptaufgabe eines Lehrers ist die eines schöpferischen Beraters. Das heißt, er muß seinen Geist von allen Ablenkungen befreien, er muß eine Fähigkeit für totale Konzentration entwickeln. Das ist äußerst schwierig. Wir sind an Zeitpläne gebunden und haben viele Verpflichtungen. Wirkliche Beratung kann nicht in Zeitgrenzen erfolgen. Sie kann Stunden, Tage und Monate intensiver Teilnahme erfordern.

Was der Ratsuchende braucht, ist das Erlebnis, sich mitteilen zu können. Er muß sich umgeben wissen von Menschen, die ähnliche Probleme und Schwierigkeiten haben. Bei Drogensüchtigen in Deutschland hat es sich erwiesen, daß die besten Erfolge dann erzielt wurden, wenn die früheren Abhängigen selbst zu Beratern wurden; denn die hatten ja mehr Einfühlung als die konventionellen Therapeuten.

Es ist klar, daß Wissen nur ein Vorspiel ist für soziales Engagement. Der Lehrer kann daher nicht in einem anderen, getrennten Bereich leben. Er kann niemals seinen gesellschaftlichen Pflichten entfliehen. Er muß die Prüfungen schwerer persönlicher und sozialer Streßsituationen überstehen. Nur in dem Maße, in dem er sein Ich einem größeren Anliegen unterwerfen kann, wird er seine Funktion in der Gesellschaft erfüllen können.

3

Äußerst wichtig in meinem Leben ist der Einfluß von Bahá'í geworden. Seit meiner Studienzeit an der Universität von Southern California in Los Angeles haben mich religiöse Fragen interessiert. Es war eine Universität, die von Methodisten gegründet wurde und die besonders unter den Philosophieprofessoren eine intolerante Haltung gegenüber anderen Religionen zeigte. Dagegen waren die Religionsprofessoren äußerst aufgeschlossen und global in ihren Lehren.

Durch Floyd Ross, ein Experte in Vergleichenden Religionswissenschaften, habe ich viel über die Bahá'í-Bewegung gelernt. Ich war beeidruckt von der Tatsache, daß diese Religion nicht dogmatisch ist und daß der Geist der Gleichheit herrscht - ein Geist, der echte Demokratie möglich macht.

Später, als ich Universitätsprofessor wurde, hatte ich einen schwarzen Assistenten, der äußerst brilliant war. Er kam aus einer Familie, die durch Puritanismus und einen engstirnigen Glauben geprägt war. Er hatte sich von dieser Umgebung emanzipiert und in der Bahá'í-Bewegung eine große Erfüllung gefunden.

Er erzählte mir:»Als ich sehr jung war, habe ich mich immer vor der Hölle gefürchtet. Ich mußte jeden Tag beten und sonntags in die Kirche gehen. Der schwarze Pfarrer betonte, daß nur durch ein 'reines Leben' die Torturen der Hölle vermieden werden können. Ein reines Leben bedeutete für den Pfarrer kein Alkohol und keine sexuellen Erfahrungen vor der Ehe. Durch Zufall habe ich an der Universität, wo ich studiere, eine Anhängerin der Bahá'í-Religion getroffen. Obwohl sie weiß und wohlhabend war, hatte sie keine Vorurteile gegenüber Afroamerikanern. Auch ihre Eltern akzeptierten mich ohne Bedenken. Oft wurde ich von ihnen eingeladen, und wir hatten viele Dialoge über Politik, Bildung und Religion... Durch Bahá'í wurde ich ein anderer Mensch. Meine Höllenangst wurde zu einer Sache der Vergangenheit. Ich fühlte mich nicht mehr ausgeschlossen, nicht mehr als ein minderwertiger Teil der Gesellschaft. Stattdessen fühlte ich ein unbegrenztes Potential in mir - ein Potential, das mich in jeder Hinsicht hoffnungsvoll machte...«

Ich betreute einige Zeit bei der Fareed-Holmes-Stiftung eine ältere Frau, die große Probleme hatte und die später durch ihre Beziehung zu Bahá'í ihr Leben kreativ gestalten konnte. Sie berichtete: »Ich war über dreißig Jahre verheiratet. Wir haben zwei Kinder, die schon verheiratet sind und in einer anderen Stadt leben. Eines Tages sagte mein Mann zu mir, daß die Ehe mit mir ihn langweilte, daß er sich scheiden lassen wollte, denn er hätte eine jüngere Frau getroffen, die ihn faszinierte und mit der er permanent leben wollte. All das kam als eine furchtbare Überraschung, denn ich hatte immer gedacht, daß unsere Ehe sehr harmonisch war.

Nach der Scheidung mußte ich in eine viel kleinere Wohnung ziehen. Zuerst war ich einsam wie nie zuvor. Ich bin fast den ganzen Tag im Bett geblieben und habe unzählige Beruhigungspillen genommen. Nichts hat mich interessiert, weder Bücher noch Fernsehen noch Radio. Ich wollte niemanden sehen.

Eines Tages hat mich eine Bekannte angerufen, und sie hat gesagt, daß sie mit mir sympathisierte, denn sie hatte auch eine Scheidung erlebt, die sie zutiefst getroffen hat. Sie betonte, daß sie einen Ausweg für mich hätte.

Sie hat mich zu einer Bahá'í-Gruppe mitgenommen. Es waren ungefähr zwanzig Menschen dort - alte und junge - aus verschiedenen sozialen Schichten. Besonders beeindruckend war, daß alle sich so verständnisvoll verhielten. In der Gemeinschaft fühlte ich mich geborgen. Es ist eine neue Welt für mich. Ich bin im Erziehungsausschuß der Bahá'í-Gemeinde tätig. Wir haben einen Kindergarten gestaltet, wo ich zwei Tage in der Woche arbeite und wo ich durch Kontakte mit den Kindern immer wieder neue Perspektiven finde.

Die Form der Beratung, die die Bahá'í-Gemeinde vertritt, finde ich besonders bedeutend; sie kann immer wieder angewandt werden. Beispielhaft war eine schwierige Lage in unserer Nachbarschaft. Dort sind verschiedene Nationalitäten vertreten, die dauernde Konflikte haben und die miteinander fast in einem Kriegszustand leben. Durch die Bahá'í-Beratung habe ich erreicht, daß die Streitenden sich zusammen an einen runden Tisch gesetzt haben und offen über ihre Schwierigkeiten und ihren Antagonismus gesprochen haben. Nach einiger Zeit hat sich alles geändert; der Unfrieden wurde zu einer Sache der Vergangenheit. Ich war stolz, daß ich ein Katalysator sein konnte, der Menschen zusammengebracht hat.

Früher hätte ich nie den Mut gehabt, einen solchen Schritt zu wagen. Ich war sehr scheu; ich hatte Angst, mit Fremden zu sprechen. Meine eigenen Meinungen habe ich anderen nicht mitgeteilt, denn ich betrachtete sie als unwichtig. Ich war ein Außenseiter gewesen, der viel beobachtete, ohne sich persönlich zu involvieren. All das hat sich geändert. Durch Bahá'í habe ich viel Selbstvertrauen gewonnen. Ich glaube jetzt, daß ich jede Krise in meinem Leben - auch wenn sie noch so schwierig ist - überwinden kann.

Kürzlich habe ich meinen linken Fuß gebrochen und mußte einige Zeit im Bett verbringen. Ich war nie einsam, dauernd kamen Besucher. Einige meiner neuen Bekannten haben für mich eingekauft. Trotz meiner Behinderung fühlte ich mich versorgt wie noch nie zuvor. Jetzt weiß ich, was echte Freundschaft bedeutet, daß Freundschaft heilen kann und wie wunderbar es ist, in einer Gemeinde zu leben. Brauchen wir nicht alle neue Werte und neue Einstellungen?«

# IV

# Das moralische Problem

*Für mich ist das Gesetz
der Liebe ein ewiges Prinzip.*
Mahatma Gandhi

1

Die beiden großen Hindernisse auf der Suche nach einer pädagogischen Moral sind der Platonismus und der Puritanismus. Platonismus geht über die Ideen des großen griechischen Denkers hinaus. Er repräsentiert eine Hierarchie in der Gesellschaft und der Erziehung: So hatte der königliche Philosoph in der »Republik« einen anderen Bildungsgang als das gemeine Volk, das in einer Atmosphäre der Mäßigkeit erzogen wurde. Plato sprach sich für eine Zensur der Künste aus, und er richtete sich dauernd gegen die Verführungen, die von Hesiod und Homer ausgingen. Er wollte ein Curriculum, das mit Gymnastik und Musik anfing und mit Mathematik und Dialektik endete.

Dies entwertet nicht die intellektuelle Methodik Platos, dessen »Republik« das provokativste Buch in der Geschichte der Erziehung ist. Seine Methode war korrekt, wenn auch seine Schlußfolgerungen fehlerhaft waren. Er erkannte, daß Erziehung nicht ein isoliertes Studienfach ist, sondern Ethik, Epistemologie, Metaphysik, Ästhetik, Politik und Wirtschaft einbezieht. Er antizipierte sogar in seinen Diskussionen über Tyrannenverhalten die moderne Psychoanalyse.

Aber Plato hatte zutiefst unrecht, was seine antidemokratischen Vorstellungen angeht. Die Künste sollten niemals zensiert werden. Poesie sollte nicht einen sekundären, sondern einen primären Platz im Lehrplan einnehmen. Die Aristokratie sollte keine besonderen Privilegien haben und keinen besonderen Bildungsweg. Mit der richtigen Motivation, der richtigen Atmosphäre und Methodik kann auch der gemeine Mann ein königlicher Philosoph werden. Die Quelle der Wahrheit liegt nicht in einem abstrakten Bereich, sondern in der Wechselwirkung der Erfahrungen. Mathematik ist nicht der Literatur überlegen - ein Jahrhunderte alter Irrtum - sondern beide müssen zugleich studiert werden. *Wenn überhaupt, dann kultivieren und vertiefen die Künste den Menschen mehr als das Studium mathematischer Fomeln und Lehrsätze.*

Puritanismus ist wie Platonismus eine immer wiederkehrende Weltanschauung. Er kann im islamischen Kulturraum ebenso gefunden werden wie in gewissen Teilen des Christentums. In New England brachte er Prediger hervor, die in der Verdammung der Sünder schwelgten. Die grausame Vernichtung der Indianer berührte sie nicht. Im Gegenteil, sie dankten Gott, daß die Heiden ausgemerzt wurden. Die puritanischen Prediger befaßten sich in keiner Weise mit der sozialen Unterdrückung. Sie waren hauptsächlich mit den Sünden des Fleisches beschäftigt.

Die Puritaner kämpften gegen die von der Kunst ausgehenden »Versuchungen«. Intolerant gegenüber Andersdenkenden, verfolgten sie die Agnostiker, die Quäker, die Täufer und die Katholiken. Sie betrachteten sich selbst als die Auserwählten, von Gott berufen, eine besondere Gesellschaft zu begründen.

Dies alles hatte wichtige pädagogische Konsequenzen. Der puritanische Lehrer war erbarmungslos. War nicht der Schüler naturgemäß auf Abwegen? War er nicht eine Kreatur der Lust? War nicht Strafe eine göttliche Art der Vergeltung? Sollte ein Schüler seine Erziehung genießen, so wäre das ja eine offene Einladung zur Säkularisierung, zu einer epikureischen Daseinsform!

Das puritanische Erziehungsideal ist in versteckter Form noch heute in uns. Wir sind noch immer begeistert von akademischem Glanz. *Wir bemessen noch immer Bildungserfolg nach dem Ausmaß, in dem wir Studierende eliminieren.* So hörte ich kürzlich von einem Gymnasium in Bonn, daß dort von 40 Schülern, die in die Sexta aufgenommen werden, nur 10 das Abitur erreichen. An manchen Jura-Fakultäten in den Vereinigten Staaten sagt der Professor zu den Erstsemestern: »Sehen Sie sich um, im nächsten Jahr wird die Hälfte von Ihnen nicht mehr hier sein!« Die Regel sieht meist so aus: 5% bekommen die Note 1, 20% die Note 2, 50% die Note 3, 20% gelten als ausreichend und 5% fallen durch. Manche Professoren machen sich ein Vergnügen daraus, möglichst viele Studenten durchfallen zu lassen.

Solange es an zu vielen deutschen Universitäten einen numerus clausus gibt, wird der Wettstreit um die Noten unter den Gymnasien immer rücksichtsloser werden. Die Studenten, die leicht lernen, schauen auf ihre weniger begabten Kollegen herab. Schlechte Noten können den Ehrgeizigen schlaflose Nächte oder sogar einen nervlichen Zusammenbruch einbringen. Freundschaften werden nicht auf der Basis der Sympathie geschlossen, sondern nach zweckbestimmten Aspekten, nämlich so, daß sich dadurch der Notendurchschnitt erhöht.

Viele Professoren begrüßen den numerus clausus als eine ausgezeichnete Sache. Eliminiert er nicht die weniger Fähigen? Drängt er nicht zu größerem Wettbewerb? In Wirklichkeit aber ist er eine Einladung zum Opportunismus und zu antidemokratischer Denkweise.

Dieser Geist der Arroganz und des Wettbewerbs kann in vielen verschiedenen Ländern beobachtet werden und auch in verschiedenen Gesellschaftssystemen. Die Examina an der Moskauer Universität sind so streng, daß viele Studenten automatisch durchfallen. Die angesehensten Universitäten in den Vereinigten Staaten lehnen die große Mehrzahl der erstsemestrigen Bewerber ab. In Japan hängen vielfach die akademischen Berufsaussichten davon ab, welche Art von Universität man besucht hat.

Dies alles ruft einen falschen Elitegeist hervor und wirkt dem echten erzieherischen Geist entgegen. Anstelle der Freude am Lernen, anstelle gemeinsam erlebter Erfahrungen, anstelle ästhetischen Wachsens, anstelle moralischer Verpflichtungen wird der Student vom Ehrgeiz getrieben, und oft reflektiert er die unschönsten Tendenzen seiner Gesellschaft.

Eine wahrhaftige Revolution ist nötig, um diesen Geist zu beseitigen. *Eine solche Revolution muß auf breiter, auf internationaler Ebene erfolgen. Erziehung ist ein zu bedeutsames Unternehmen, als daß es eine Übung im Darwinschen Dschungel wer-*

*den dürfte, bei der die Konformisten triumphieren und die Schöpferischen verzweifeln.*

Gegenstimmen mögen behaupten, daß Größe in der Erziehung nur durch strengere Maßstäbe erreicht werden kann. Sie könnten auf Oxford und Paris hinweisen, auf Harvard oder das Technologische Institut von Massachusetts (M.I.T.), aber viele dieser Hochschulen, wie z.B. Harvard, sind dabei, ihre Maßstäbe zu überprüfen. Harvard ist in der Benotung tatsächlich weniger streng als die Universität von Michigan und hat trotzdem den Studenten und der Gesellschaft viel mehr zu bieten. Andere Einrichtungen, wie beispielsweise das Technologische Institut von Kalifornien (Caltech), führen ein System von »Bestanden - Nichtbestanden« ein, um so der Benotung weniger Gewicht beizumessen.

Alles hängt davon ab, was wir im Grund unter Erziehung verstehen. Wenn wir glauben, daß nur wenige erzogen werden können, wenn wir im wesentlichen puritanische Ansichten vertreten, dann wird Standard zu unserem ersten Anliegen. Wenn wir dagegen Standard als sekundär betrachten und Freude an der Erziehung als den Kernpunkt, dann werden wir humaner sein und mehr Verständnis haben sowohl für unsere eigenen als auch für die Schwächen unserer Studenten.

*Wenn wir eine neue Gesellschaft entwickeln wollen, so brauchen wir eine passionierte Vorstellung von dem, was Erziehung ist. Anstelle von strikter Leistungsmessung brauchen wir neue Wege der Ermutigung; anstelle geschlossener Hierarchien brauchen wir mehr offene Experimente; anstelle traditioneller Rituale brauchen wir die Inspiration großer Lehrer, die durch ihre Ideen die Möglichkeiten menschlichen Wachsens aufzeigen.*

2

Kann Tugend gelehrt werden? Können Schulen aktiv zu universeller Moralität beitragen? Die meisten Kritiker würden heute sagen, daß moralische Regeln in den Bereich der Kirche und des Elternhauses gehören; einige würden sagen, sie seien von der Psychatrie her zu definieren. In Wirklichkeit aber hat die Schule eine fundamentale moralische Funktion, nur eben nicht in einem platonischen oder puritanischen Kontext. Das Gutsein kann weder erzwungen noch durch Gesetzgebung erreicht werden.

In einer Zeit schwerer Rassenspannungen hat die Schule die Verantwortung, eine offene und tolerante Einrichtung zu sein. Rassenprobleme sind nicht nur in den USA von schwerwiegender Bedeutung, sondern wir finden auch im westlichen Europa Diskriminierung. Jene, die beispielsweise in den sozialen Brennpunkten westdeutscher Städte wohnen, werden automatisch als asozial und als »Fälle« betrachtet. Diskriminierung, sei sie rassen-, religions- oder gesellschaftsbezogen, ist tatsächlich ein weltweites Problem. Das Fehlen von Toleranz kann einfach nicht auf intellektueller Ebene behoben werden. Es muß ein therapeutischer Prozeß stattfinden, so daß ein weißes Kind wirklich verstehen lernt, was ein schwarzes Kind empfindet, so daß Eltern und die ganze Gemeinde am Kampf gegen Intoleranz beteiligt werden. Toleranz muß sich zeigen in der Wahl unserer Freunde, in unserer ganzen Lebensweise und in der Offenheit unserer Häuser für Gruppen und Individuen verschiedenster Art. Solche Toleranz müßte völlig spontan sein und jeden Anflug von Pharisäertum vermeiden.

Ein Bekannter von mir machte große Geldspenden, um die Arbeit für die Farbigen zu unterstützen. Es rückte die Motivation seines Handelns jedoch in ein sehr ungünstiges Licht, als er in einer Versammlung erklärte: »Ich mag euch alle, ihr Schwarzen.«

Man vergleiche diese Einstellung mit der eines jungen Österreichers, Werner Hlavka, der in der Jugendbewegung tätig war und später in eine ehemals französische Kolonie ging, um dort bei Entwicklungsprojekten mitzuarbeiten. Indirekt übten die Franzosen noch die Kontrollfunktion aus, und sie konnten nicht begreifen, warum Werner Hlavka den eingeborenen Bewohnern gegenüber so höflich war. Er behandelte sie mit der größten Rücksicht, und sie schlossen gegenseitig Freundschaft.

Er kehrte nach Österreich zurück und entschied sich, Musiklehrer zu werden. Er hatte leider kein Abitur, und so durfte er nur auf Grund einer Sondergenehmigung lehren. Seine Liebe zu Kindern, sein Takt, seine Höflichkeit, sein Enthusiasmus für Musik, all das machte ihn zu einem unvergeßlichen Lehrer.

Er lernte mehr in der Jugendbewegung als in seinen offiziellen Schulstunden. Die Implikation ist deutlich: Der richtige Lehrer muß in engem Kontakt mit der Jugend stehen, nicht nur im Klassenzimmer, das eine formelle Atmosphäre hat, sondern in einer Atmosphäre der Muße, wo die Begegnung unmittelbar ist.

Einiges von dem, was ich an Lehrern und Lernen erlebte, und zwar von der besten Art, fand nicht im Schulraum statt. Einige der erinnerungswürdigsten Lektionen wurden am Lagerfeuer gegeben. Sie waren meist spontan und kamen von Herzen. Worte und Ideen flossen ineinander und formten, zusammen mit der Natur, einen einmaligen Hintergrund. Die Hörer waren da viel aufmerksamer als im Schulzimmer. Es war eine Art »Kenntnis, erprobt unter freiem Himmel«. Mehr noch, die Jugendleiter hatten die Überzeugung und Hingabe, die man beim Durchschnittslehrer vermißt. Sie gingen gerne mit den jungen Menschen um. Sie waren nie zu beschäftigt, um Fragen zu beantworten. Sie waren nie herablassend. Sie waren nicht ausschließlich an intellektuellen Vorgängen interessiert, sondern erforschten alle Aspekte der Natur. Sie waren Beispiele der Güte, Großzügigkeit und Menschenfreundlichkeit.

Wir haben die Wichtigkeit des Gutseins für mitmenschliche Beziehungen und für die Erziehung unterschätzt. Dies erklärt zu einem Teil, warum wir in einer solch emotionalen und gesellschaftlichen Leere leben.

*Moral kann nicht in statischen Kategorien definiert werden. Sie ist kein kategorischer Imperativ. Sie ist nicht lediglich ein Pflichtbewußtsein. Sie fordert Wachwerden und Selbstfindung, damit das größere und eigentlichere Selbst zum Vorschein kommen kann.* Sie bewährt sich durch unsere Wahrnehmungsfähigkeit, die auch fern- und abseitsliegende Probleme zu Herzen gehen läßt und unterschiedlichsten Ausdrucksformen und Gefühlen erlaubt, sich auszudrücken, anstatt sie zur Verdrängung zu zwingen.

Die herkömmliche Schule, als Säule der Respektabilität, bleibt von echt menschlichen Bedürfnissen ungerührt. Sie hat kein soziales Gewissen. Die wahrhaft moralische Schule, die vorläufig lediglich potentiell existiert, ist eine Institution zur Förderung sozialen Fortschritts und schätzt Güte sowie menschliche Beziehungen höher ein als akademische Leistungen.

# V

# Die existentielle Stimmung: Möglichkeiten und Begrenzungen

> *Ein Philosoph zu sein besteht nicht lediglich darin, subtile Gedanken zu haben, noch sogar darin, eine Schule zu begründen, sondern darin, so sehr die Weisheit zu lieben, daß man ihren Forderungen entsprechend lebt -, ein Leben der Einfachheit, Unabhängigkeit, Großzügigkeit und Vertrauenswürdigkeit.*
> Thoreau

1

Eine bedeutsame Form der Philosophie unserer Zeit ist der Existentialismus. Er ist kein System; er kann nicht in formellen Begriffen definiert werden; er weicht ab von der herkömmlichen Art des Philosophierens. Er ist wesentlich ein Weg zur Verinnerlichung.

Der Existentialismus hat keine historischen Grenzen. Sokrates lehrte die existentielle Idee in seinen Vorstellungen von der Moral. Pascal warf Licht auf sie durch die Betonung, die er auf Herzensbildung legte. Sowohl Atheisten wie Sartre als auch Gläubige wie Gabriel Marcel können Existentialisten sein. Sie mögen das Drama, den Aufsatz, die Dichtung oder ein Tagebuch benutzen, um ihren Ideen Ausdruck zu geben. Sie analysieren nicht, sondern deuten an. Sie betrachten Existenz als einen symbolischen Vorgang, dessen zugrundeliegende Realität uns nicht greifbar ist. Sie erziehen nicht dadurch, daß sie Normen und Gebote setzen, sondern dadurch, daß sie versuchen, das menschliche Dilemma zu klären und die Ungewißheit menschlicher Existenz aufzuzeigen. Existentialisten können Psychologen sein wie Rollo May oder professionelle Philosophen wie Heidegger. Sie mögen pessimistisch sein wie Unamuno oder wesentlich bejahend wie William James. Sie mögen christliche Denker sein wie Paul Tillich oder jüdische Philosophen wie Martin Buber.

Der echte Existentialist bleibt ohne äußeren Erfolg. So war zum Beispiel Sokrates so sehr mit der Wahrheitssuche beschäftigt, daß er versäumte, seiner Familie den Lebensunterhalt zu besorgen. Er wurde von vielen Athenern abgelehnt, da er angeberisch erschien. Er war aufwühlend und unkonventionell. Viele fürchteten, er verderbe die Jugend.

Existentialisten befassen sich oft mit den Außenseitern, mit der niedrigsten Schicht der Gesellschaft. Sie tun dies mit Absicht. Wir schließen so oft unsere Augen vor den wirklichen Gegebenheiten; Erziehung und Gewohnheiten machen uns oft überheblich, und wir richten Mauern auf gegen unsere Nachbarn. Darum brauchen wir den existentiellen Spiegel, um darin sowohl unsere eigenen als auch die Mängel der Gesellschaft wahrzunehmen.

Existentialismus malt uns keine utopische Welt vor. So hob beispielsweise Sartre hervor, daß nach Auschwitz niemand mehr die Wirklichkeit des Bösen leugnen könne. Das Opfer von heute könne ohne weiteres der Henker von morgen sein. Glaube im existentiellen Sinne hat mehr als eine tröstende Funktion; er wird ein Bekenntnis, das den ganzen Menschen erfaßt und oft erschüttert.

2

Pestalozzi wurde von den meisten seiner Zeitgenossen als pädagogischer Visionär angesehen. Sie meinten, die Kinder der Armen seien keiner Erziehung wert. Sie glaubten, nur wenige Auserwählte seien der Erziehung in den Bereichen der Wissenschaft und der Muße würdig. Pestalozzi war sogar in den Augen seiner Frau ein Versager; sie klagte dauernd über die wirtschaftlichen Schwierigkeiten der Familie. Seine totale Ernsthaftigkeit und Hingabe isolierte ihn von den mehr praktisch gesinnten Nachbarn.

Die Grundbedingung des Existentialismus ist Aufrichtigkeit. Für konventionell Gesinnte ist das eine beunruhigende Einstellung. Sie leben nicht in Wahrheit und Selbsterkenntnis, sondern im Sotun-als-ob. Politikern dient dieser falsche Schein oft als ein Mittel, die Öffentlichkeit irrezuführen. Werbefachleute benutzen ihn als Methode, mit der man den Absatz erhöht und gehorsame Konsumenten erzieht. Viele Lehrer haben am Anfang ehrliches Interesse an der Erziehung. Sie wollen wirklich den Menschen helfen und die Dimensionen menschlicher Kreativität explorieren. In dem Maße jedoch, wie sie auf Wiederstände und auf Mißverständnisse stoßen, beginnen sie, nach althergebrachten Normen zu leben. Sie werden zu Technikern, für die Erziehung sowohl zum subjektiven wie zum objektiven Ritual wird.

Im religiösen Bereich spricht der große Prophet, wie Jeremias, mit Leidenschaft und Überzeugung. Er verkündet unbequeme Wahrheiten. Er widersetzt sich den Idolen seiner Zeit. Er wird von der Mehrheit seiner Zeitgenossen automatisch als ein Narr angesehen.

Im künstlerischen Bereich ist es der Kritiker, der analysiert und seziert. Er richtet sich gewöhnlich in seinem Urteil nach Normen aus der Vergangenheit. Häufig ist er von Neid bewegt. Er hat ein Ressentiment gegen den schöpferisch tätigen Menschen. Die Kritiker der Renaissance schauten in dieser Weise auf die Kunst ihrer Zeit herab. Kritiker der Aufklärung hielten so an der Gewißheit des Mittelalters fest. Kritiker der Pop-Art weisen auf die Überlegenheit klassischer Stile hin. Sie sind wie die Kritiker der Einsteinschen Quantentheorie. Als diese zuerst bekannt wurde, stand ein Professor auf und erklärte: »Meine Herren, dies ist keine Physik.«

Das Kind pflegt viel ehrlicher zu sein als der Erwachsene. Das kleinere Kind hat den Vorteil, noch nicht von formaler Erziehung und heuchlerischen Gesellschaftsnormen verbildet zu sein. Ein Kind gibt seinen Gefühlen offen Ausdruck; es ist unmittelbar und spontan. Der Erwachsene dagegen ist oft ein Opfer der Zweckmäßigkeit, und seine Reaktionen sind im allgemeinen stereotyp. Aber in aller großen Kunst sowie in allen bedeutenden Fortschritten in

Religion und Erziehung erhält sich eine kindliche Qualität - eine Welt des Wunderns, der freudigen Anteilnahme und der Spontaneität. So lobte Jesus die Reinheit des Kindes, und er hielt den Erwachsenen das Kind als Beispiel vor. Für Pestalozzi war das Kind Teil einer magischen Welt, die wiederentdeckt werden sollte. Für Fröbel war der Kindergarten die wichtigste Einrichtung, und die bedeutendste menschliche Tätigkeit war für ihn das Spiel, das in seinen Augen nicht nur der Exploration diente, sondern auch authentischer Kreativität. Dewey und Kilpatrick betonten beide, daß Erziehung kindgerecht sein müsse, anstatt die Bedürfnisse und verfrühten Gewißheiten der Erwachsenen in den Vordergrund zu stellen.

Ernsthafte Hingabe an die Aufgabe erfordert Bewußtmachung der eigenen Motivation. *Meine Philosophie ist nicht ein Kommentar eines anderen philosophischen Systems. Sie ist nicht die Reflexion über einen unwichtigen Vorgang. Sie ist ein Ausdruck meiner innersten Gefühle und Wünsche. Sie ist die Zusammenfassung meiner Erfahrungen, die ich mit anderen teilen möchte. Ihr Ziel, im Sinne Emersons, »ist nicht zu instruieren, sondern zu provozieren.«*

3

Der Mensch, der in herkömmlichen Bahnen denkt, wählt Kategorien, nach denen er das Leben beurteilt. Er schätzt Objektivität und Abstand von den Dingen. Der existentielle Denker dagegen hält bewußt an freiwilliger Subjektivität fest. Er sieht sich im bewegten Netz zwischen objektiven und subjektiven Gegebenheiten. Als Suchender kämpft er gegen a-priori-Normen, gegen theoretische Postulate; seine Ideen prüft er an der Fruchtbarkeit des Lebens und an dem Grad, zu dem er auf seine Offenheit einzugehen vermag.

Im konventionellen Erziehungsraum sind Ordnung und Disziplin von größter Wichtigkeit. Ein guter Lehrer ist derjenige, der das größtmögliche Maß an Wissensstoff vermittelt. Er erzieht junge Menschen, die mit den Gesellschaftsnormen konform gehen.

Der herkömmliche Lehrer ist ein Meister statischer Wissensvermittlung. Er hat eine methodisch und quantitativ ausgerichtete Einstellung zum Leben und zur Erziehung.

Der existentielle Lehrer möchte Erziehung zu einer brennenden Notwendigkeit machen. Er ist ihr zugetan wie ein Liebhaber seiner Geliebten oder wie ein Mystiker auf der Suche nach der Wirklichkeit. Der existentielle Lehrer ist mit dem beschäftigt, was jetzt ist. Weil er existentiell beunruhigt ist, weil er unbegrenzte Kapazität für Empfindung hat, weil er Identifikation mit anderen Gesellschaften hochschätzt, darum entdeckt sein Schüler in sich auch seine eigenen Möglichkeiten. Der existentielle Lehrer lehrt durch sein Sein. Er ist Vorbild, nicht im aristotelischen Sinne, sondern dadurch, daß er die ganze Komplexität des Lebens widerspiegelt.

Schopenhauer sagte einmal, der Denker brauche sowenig seinen eigenen Idealen entsprechend zu leben, wie der Künstler ja auch nicht schön zu sein brauche. Das ist eine Ausrede. Als Schopenhauer berühmt wurde, wurde er unbeschreiblich eitel. Der wahre Denker und Lehrer hat eine andere Funktion. Wenn er seine eigenen Theorien durch Ausweichen, Feigheit oder Scheinheiligkeit verrät, so untergräbt er seine eigene Mission.

Geistiger Mut ist relativ selten in der Menschheitsgeschichte. Wir finden ihn bei Sokrates, der sich den Idolen seiner Zeit zu widersetzen wagte, bei Bruno, der für seine Ansichten auf dem Scheiterhaufen verbrannte, bei Spinoza, der ein Leben des Exils und der intellektuellen Einsamkeit erduldete, bei Bonhoeffer, der bis zum letzten Augenblick seines Lebens gegen die entsetzliche Entmenschlichung des Hitlertums kämpfte. Natürlich gibt es eine große Anzahl weniger bekannter Märtyrer, trotzdem, sie bilden eine Minorität im Vergleich zur Feigheit der meisten Lehrer, besonders in Krisenzeiten.

Solcher Mut muß nicht unbedingt ins Heldenhafte gehen. Er muß nicht am Kreuz enden. Er kann einfach darin bestehen, daß man überkommene Normen hinterfragt, obwohl man dadurch Unpopularität und gesellschaftliche Isolierung in Kauf nehmen muß.

Im existentiellen Sinne hat der Lehrer eine einmalige Verantwortung. Er kann ein Symbol kultureller Rückständigkeit sein, wenn er sich den akzeptierten Wertvorstellungen seiner Zeit beugt, unkritisch die Ansichten der Mehrheit übernimmt oder bewußt oberflächlich bleibt; er kann aber auch ein Träger moralischen Fortschritts sein. Das würde bedeuten, daß er sich selbst prüfen müßte, seine Schüler sowie das System der Erziehung sowie die Wertvorstellungen in seiner Mitwelt, und daß er weit über das Klassenzimmer hinausblicken müßte. Sein Labor ist die Gesellschaft. Sein Anliegen ist der Marktplatz. Er ist der Menschlichkeit verpflichtet, nicht der Bürokratie. Sein Ehrgeiz geht nicht dahin, befördert zu werden, sondern zu universalisieren, nicht dahin, seine eigene Brillanz zu dramatisieren, sondern andere zu erleuchten und so sich selbst dauernd zu rekonstruieren.

Hier kann er vom Glanze Pestalozzis lernen. Pestalozzi lebte viele Jahre von Brot und Wasser. Eines Tages begegnete er einem Mann ohne Einkommen. Pestalozzi hatte selbst kein Geld, und so gab er diesem Manne die Silberspangen von seinen Schuhen und band diese dann mit Stroh fest. Er erzählt, wie er in Stanz immer der letzte war, der zu Bett ging und der erste, der sich erhob. All sein Hab und Gut, all seine Ideen teilte er mit seinen Kindern, und so wurde er zum unvergeßlichen Vorbild für sie und für den gesamten Menschheitsfortschritt.

Man vergleiche Pestalozzis Leben mit dem eines Sozialarbeiters, der in New York die Armen betreut. Er fährt einen Wagen des modernsten Modells. Er bleibt ungerührt vom Elend der Slums. Abends kehrt er in die Sicherheit seines Vororts zurück. Er kann nicht durchgreifend helfen, einfach, weil er durch sein eigenes Leben demonstriert, daß er von den wirklichen Nöten und Bedürfnissen der Armen weit entfernt ist.

Im 19. Jahrhundert erwarteten viele Reformer, daß Wohlfahrtsarbeit zu einem neuen Utopia führen würde. In unseren Tagen ist die Sozialarbeit noch mehr professionalisiert, und es sind viele neue Methoden entwickelt worden. Aber ihre eigentliche Wirkung ist minimal, wie man zum Beispiel aus »The Inhabitants« entnehmen kann, einer düsteren Darstellung größten Elends inmitten des im Überfluß schwimmenden New York. Ein Sozialarbeiter wendet die Regeln an, die eine verständnislose und anonyme Bürokratie erfand. In diesem Sinne macht er Gleichgültigkeit respektabel und verleiht verletzender Unmenschlichkeit Würde.

# 4

Existentialismus weist auf den Fluß menschlichen Daseins hin. Er hat eine unbegrenzte Qualität, das, was Bergson Dauer nennt. Der Denkende hat die Wahl, entweder nur seine oberflächlichen Qualitäten zu sehen, die Vergangenheit zu betrachten, um sie gewissen Stereotypen anzupassen, oder bewußt in der Gegenwart, nahe am Kern des Daseins zu leben.

Das Konkrete wird im Existentialismus hochgehoben. Kierkegaard, der Begründer des modernen Existentialismus, betrachtete jede Form von Abstraktion als eine Evasion von der konkreten Realität. In dieser Sicht war für ihn der Theologieprofessor alles andere als ein Beispiel für echte Religiosität. War der Theologieprofessor nicht ein Theoretiker, der Definitionen und Systeme so schätzte, daß er die Beweggründe des einzelnen für religiöses Verhalten nicht verstehen konnte? Brauchte Religion wie Erziehung nicht einen neuen Geist, der von Leidenschaft geprägt ist und der den Suchenden ermutigt?

Der existentielle Lehrer, wie William James, schätzt Individualität. Er wünscht sich nicht unkritische Jünger. Er ermutigt zur Rebellion, denn letztendlich sind nur die Entscheidungen von Bedeutung, die in bewußtem Widerstand gegen überholte Autorität gefällt werden. Er betrachtet die Geschichte als einen Prozeß, der von Homogenität zu Heterogenität führt, so daß, im Sinne Emersons, die Institution ein Spiegelbild des Individuums wird. Er verlangt authentische Werte. Er widersetzt sich einer von außen, von anderen her gelenkten Existenz.

Es ist nicht leicht, sich eine solche Weltanschauung anzueignen. In fast jeder Gesellschaft ist das von anderen dirigierte Individuum die Regel. Bölls Roman »Ansichten eines Clowns« ist zum Teil darum bedeutsam, weil er zeigt, wie Konvention und Zweckmäßigkeit das Verhalten bestimmen. In einer totalitären Gesellschaft ist solche Gedankenlenkung noch viel schwerwiegender. Sie schafft eine Atmosphäre zum Ersticken, wie es Pasternak wirkungsvoll beschrieben hat. Sie verlangt eine kategorische Wahrheit, die geglaubt werden muß, wenn sie auch in Wirklichkeit wenig Beziehung hat mit der Art, wie die Leute wirklich leben und die Auswirkung einer Ideologie erleben.

Der existentielle Lehrer verweist, wie Pasternak, auf die subjektiven Bereiche der Erfahrung. Er ist den Behörden unbequem, denn er zeigt, daß die am meisten verehrten Idole fehlbar sind und daß die Gesellschaft kritisierbar ist. *Er bringt Illusionen zum Fall. Er beurteilt Ideologien und Ideen nach ihrem menschlichen Wert und nach ihren Motivationen.* In einem positiven und notwendigen Sinn säkularisiert er Philosophie und Pädagogik. Der existentielle Lehrer ist somit ein vertiefter Moralist. Er lehrt nicht über Moral und das, was die großen Lehrer über Natur und gutes Leben sowie darüber, wie es zu erwerben sei, gesagt haben. Dies soll nicht heißen, daß er die Einsichten aus der Vergangenheit ignoriert; er benutzt sie vielmehr wie Fallstudien, wie biographischen Ausdruck für die Durchleuchtung der Gegenwart und als Fundament für die Zukunft. Der Student wird dadurch ermutigt, seine eigenen Überzeugungen zu formen. Er beginnt, die Entfernung zu sehen, die zwischen sozialem Mythos und Aktualität besteht. Er wird ermutigt, über das Schulzimmer hinauszuwachsen und in die Arena der sozialen Entscheidungen zu treten. Er weiß dann, daß Entscheidungen getroffen werden müssen, denen man nicht ausweichen kann, die niemand für ihn treffen kann, weder Eltern noch Lehrer, noch Geistliche oder Psychotherapeuten.

5

Der Lehrer sollte vor allem eine beratende Funktion haben. Stattdessen versagt er aber oft als Berater für Jugendliche und für Erwachsene. Er fügt meist eine Fußnote zur sozialen Unfruchtbarkeit hinzu. Oft verstärkt er lediglich die Unzulänglichkeiten des Status quo.

Wo liegen die Ursachen für dieses Versagen? Der konventionelle Lehrer hat sich nicht wirklich selbst geprüft. Seiner wirklichen Motive nicht bewußt, lebt er meist in einer komfortablen Umwelt. Er schätzt Sicherheit; er ist kein Abenteurer. Seine Ausbildung war inadäquat. Gewiß, er hat viele Vorlesungen gehört und Seminare besucht und viele Fakten aufgenommen. Aber er hat sich nicht selbst im sokratischen Sinne definiert. Er hat nicht die Möglichkeiten seines größeren Selbstes entdeckt. Meist ist er ein Angehöriger der Mittelschicht und betont Respektabilität. Er schätzt Korrektheit, gute Rhetorik, einwandfreie Grammatik. Er ist von unkonventionellem Verhalten leicht schokkiert und betrachtet es als eine persönliche Beleidigung. Am schlimmsten ist noch, daß er keine lebhafte Phantasie hat. Und doch ist gerade diese Qualität so wichtig im Überwinden sozialer Barrieren. Er hat keine Fähigkeit dazu entwickelt, dauernd sich erneuernde, echte Beziehungen zu pflegen. Er fürchtet sich davor, seine eigenen Ängste und Unsicherheiten auszudrücken.

Das bedeutet, daß in Zukunft Lehrer neue Formen der Theorie erleben, einschließlich einigen Elementen des »Sensitivity Training«, der Gruppendynamik, der nichtdirektiven Beratung und der Encounter-Therapie. Das Psychodrama wird als wirksame Lehrmethode eingesetzt werden. Aber noch wichtiger ist die praktische Erfahrung des zukünftigen Lehrers im Dienste an der Menschheit. Dies kann in einer Jugendorganisation, einem Altersheim, Krankenhaus, Gefängnis, in einer Erziehungsanstalt, psychosomatischen Klinik, einem Behindertenheim oder einer Organisation geschehen, die für die Dritte Welt arbeitet.

Das große Ziel ist die Umgestaltung der Institutionen. Die meisten Gefängnisse, Krankenhäuser, Anstalten für Geisteskranke und Delinquenten - in der westlichen wie in der östlichen Welt - sind eine Schande für den menschlichen Geist. So verließ ein dänischer Staatsmann, der die staatliche Anstalt für geistig Behinderte von Kalifornien besichtigte, diese mit einem Ausdruck tiefster Niedergeschlagenheit schon am ersten Tage. Und es war ihm gesagt worden, daß dies eines der »besseren« psychiatrischen Krankenhäuser sei. Die meisten deutschen Gefängnisse sind keine beispielhaften Modelle. Einige englische Krankenhäuser erinnern an Dickens' Beschreibungen solcher Institutionen seiner Epoche. Was russische Gefängnisse angeht, so mögen Dostojewskis Erfahrungen in Sibirien als verbindliche Schilderung ihrer Atmosphäre gelten.

*Humanitärer Geist ist das Wesen der Erziehung.* Von daher müssen wir alle unsere großen Institutionen aufs neue ins Auge fassen, auch die Schulen. Die Fragen lauten: unterstützen sie die potentiellen Kräfte des menschlichen Geistes? Machen sie Wachstum möglich? Sind sie nichtdirektiv? Sind sie Ausdruck von Liebe und Gegenseitigkeit?

Die Antworten sind im allgemeinen negativ. *Die meisten Institutionen haben zwanghaften Charakter. Sie sind repressiv und zum Strafen geneigt. Sie verstärken die heuchlerischen und hierarchischen Tendenzen unserer Gesellschaft. Sie reduzieren Menschen zu Fällen und Nummern. Sie sind Ausdruck von Sadismus und Machiavellismus. Sie befreien den Menschen nicht, sondern versklaven ihn vielmehr. Sie beweisen, wie gebrechlich Zivilisation ist und wie der Mensch von neuen, mehr subtilen Formen des Barbarismus bedroht wird.*

Die Schulen sollten als Träger des Fortschritts führend sein. Stattdessen sind die meisten blind gegenüber den Möglichkeiten ihrer Zeit. So betrachtet Erasmus die Erziehungsinstitutionen seiner Epoche als Hüter der Regression, die zur Herrschaft der Torheit beitrugen. Locke attackierte die Rückständigkeit der Stätten des Lehrens seiner Zeit. Thomas Huxley hielt die Schulen des 19. Jahrhunderts für Vertreter der Dunkelheit, die den wissenschaftlichen Fortschritt hemmten. Thoreau erachtete die herkömmliche Erziehung seiner Periode als eine Verschwörung gegen Genialität.

Emerson kritisierte schon die Hartnäckigkeit der intellektuellen Konformität: »Die eine Sache, die Wert hat in dieser Welt, ist die lebende Seele. Jeder Mensch hat ein Anrecht auf sie; jeder Mensch trägt sie in sich, aber in allen ist sie verschüttet und bis jetzt ungeboren. Die wache Seele sieht absolute Wahrheit und bringt sie zum Ausdruck, oder sie ist schöpferisch tätig. In dieser Betätigung ist sie ein Genie; sie ist nicht nur ein gelegentliches Privileg, sondern der gesunde Zustand eines jeden Menschen. Ihrem Wesen nach ist sie progressiv. Das Buch, die Universität, die Kunstakademie, die Institution, welcher Art auch immer, begnügen sich mit einem historischen Ausdruck der Genialität. Das ist gut, sagen sie - laßt uns daran festhalten. Sie nageln mich fest. Sie schauen rückwärts und nicht vorwärts. Aber das Geniale schaut vorwärts: die menschlichen Augen sind in sein Gesicht gesetzt, nicht in seinen Hinterkopf: *der Mensch hofft; das Genie ist schöpferisch tätig.*«

# 6

Wir dürfen Existentialismus als Philosophie nicht überbewerten. Soziales Engagement finden wir zum Beispiel bei Kierkegaard nicht. Er bewunderte den Märtyrer als Verkörperung der höchsten Ideale, als jemanden, dessen Ansichten durch Taten verifiziert wurden, doch Kierkegaard selbst war ein Kritiker, der abseits lebte und der die Einsamkeit schätzte.

Noch weniger finden wir eine Haltung der Kühnheit bei Heidegger, dessen Theorien in seinem Werk »Sein und Zeit« moralischen Einsatz verlangen, doch dessen Aktionen in der Zeit des Nationalsozialismus zeigen, daß zwischen dem philosophischen Ideal und der Wirklichkeit eine so große Kluft besteht.

Die Fragen, die durch Existentialismus gestellt werden, sind wichtig. Sie verlangen einen kritischen Geist ohne Selbstgefälligkeit. Doch noch bedeutender ist eine Haltung wie in der Bahá'í-Gemeinschaft, die vorbildliche Taten verlangt - Taten, die Menschlichkeit verwirklichen können und echte Universalität möglich machen. Wir können nicht gleichgültig sein, wenn die Menschheit so oft irre geführt wird, wenn Aberglaube dominiert, wenn Machtstreben verherrlicht wird, wenn die Wahrheit durch Propaganda pervertiert wird und wenn so viele Menschen keine Chance haben, ihre Schöpferkraft zu entwickeln.

Daß so viele Millionen Kinder jedes Jahr sterben, weil sie nicht genug zum Essen bekommen und weil die medizinische Betreuung so mangelhaft ist, sollte uns alle provozieren, über die Strukturen, die die Welt beherrschen, nachzudenken. Wenn wir das nicht tun, dann ist Fortschritt unmöglich und Unmenschlichkeit hat eine unbegrenzte Zukunft.

Der Bahá'í-Glaube kennt keine Grenzen - weder in der Politik, in der Wirtschaft oder in der Bildung. Die Einheit der Menschheit ist für diese Gemeinschaft keine Abstraktion, sondern eine Realität, die alles bestimmt und die ein intensives Engagement verlangt.

Wie wichtig in dieser Sicht ist die Feststellung von Bahá'u'lláh: »Das Wohlergehen der Menschheit, ihr Friede und ihre Sicherheit sind unerreichbar, wenn und ehe nicht ihre Einheit fest begründet ist.«

# VI

# Der Lehrer als Reformer

*Nicht im Weltraum
soll ich meine Würde suchen,
sondern im Ordnen meiner Gedanken.*

Pascal

1

Die Bedeutung des Lehrens erstreckt sich auf alle Lebensgebiete. Als Eltern, als Berater, als Freunde, als Bürger - immer erfüllen wir eine Lehrfunktion. *Lehren ist der Versuch, zu innovieren und aufzuklären, inmitten der Verwirrung Klarheit zu schaffen, Besorgtheit inmitten der Gleichgültigkeit, Bezogenheit inmitten der Isolierung und Hoffnung inmitten der Verzweiflung.*

Der wirkliche Lehrer ist also ein Symbol der Hoffnung. War das nicht die Ansicht von Comenius, als er die Vision von einer neuen Gesellschaft von Lernenden aufrechterhielt? War das nicht der Beitrag von Froebel, der die angeborene Kreativität des Kindes hervorhob? War dies nicht der Geist Maria Montessoris, die nachwies, daß selbst in den Elendsvierteln von Italien ein Aufblühen menschlichen Geistes möglich war?

Als Helen Keller zuerst ihre Lehrerin Anne Sullivan traf, war sie völlig isoliert. Sie konnte sich nicht mitteilen. Sie war trotzig und verschlossen. Dann eröffnete ihre Lehrerin faszinierende neue Welten für sie; sie lernte Gegenstände kennen, Wahrnehmungen, Teilhabe, neue Bereiche von Schönheit und von Begreifenkönnen. Dank ihrer Lehrerin wurde sie ein anderer Mensch. Sie ging zur Schule, sie wurde eine hervorragend gute Studentin; später schrieb sie Bücher und hielt Vorlesungen für Tausende in Europa und Amerika. Die Weise, in der sie ihre Blindheit bewältigte, zeigte

uns allen, welche Möglichkeiten wir in uns haben, die wir aber nicht entfalten, sondern vernachlässigen, da es uns an Anregung fehlt und da wir uns zu sehr beschränken.
*Echte Erziehung ist wie eine Bekehrung. Wir finden dabei eine neue Seite unseres Selbstes. Unsere ganze Existenz bekommt eine neue Motivierung. Wir spüren eine Energie, die wir vorher nicht gekannt haben. Diese Konversion ist nicht nur intellektuell; sie besteht nicht lediglich in der Übernahme einer neuen Theorie; sie beruht auf einer tiefgreifenden Wandlung unserer Wahrnehmungen und unseres gesamten Lebensstils.*

Diese Sicht der Erziehung kommt den Einsichten der großen Erzieher der Antike nahe. Für sie war Lernen ein ganzheitlicher Prozeß. Es war ein Unternehmen, das den Verzicht auf komfortables Leben forderte. So gab Buddha ein Leben des Vergnügens und der Ehre auf, um wie ein Mönch zu leben; er bezähmte den Stachel des Fleisches, bis er Dharma fand, den Weg der Erleuchtung. Er wollte mehr als rein theoretische Antworten auf die brennenden Lebensfragen. Er wollte seinen innersten Sinn erfassen, damit er über alle Formen des Vergänglichen triumphieren konnte.

Für Konfuzius bedeutete Erziehung eine Übereinstimmung von Ideen und Tun. Er war ein ewiger Wanderer auf der Suche nach Gerechtigkeit. Sein Ziel war, echte Menschlichkeit zu finden und die Gesellschaft durch Kenntnis und Anwendung richtiger Prinzipien und Relationen zu reformieren. Er war so von dieser Suche besessen, daß viele seiner Zeitgenossen ihn für einen Toren oder Visionär hielten.

Beide erkannten, daß Erziehung kein formaler Prozeß ist. Sie besteht nicht lediglich in einer theoretischen Aussage; sie ist nicht einfach eine Art intellektueller Ornamentation. In der heutigen Zeit ist Erziehung daher ein fragmentarischer Vorgang, und so trennen wir Schule und Gemeinde, unsere akademischen und sozialen Unternehmen, Theorie und Praxis, Ideal und Hoffnung.

So kommt es, daß wir weniger von der Schule geformt werden, die wir nur durchstehen und von den Lehrern, die uns langweilen, sondern vielmehr von den Wertmaßstäben und Sitten unserer Umwelt und von den Massenmedien. In den Vereinigten Staaten zum Beispiel hat der Jugendliche eine lebendigere Beziehung zum

Fernsehen als zu seinem Klassenzimmer. Jeden Abend sieht er Schlägereien, Messerstechereien, Entführungen und ähnliche Dinge auf dem Bildschirm, auf dem man die Menschen in ihrem größten Sadismus darstellt. Zwischendurch wird er vom Werbefunk aufgefordert, Körperspray, Zahncreme und Erfrischungsgetränke zu kaufen; so lernt er die Freuden des Konsumentendaseins in einer Leistungsgesellschaft.

Die Werte, die in einer Gesellschaft angestrebt werden, repräsentieren das Klima der Ansprüche, die geradezu dynamische Macht ausüben können. Das amerikanische Kind lernt schon sehr früh, die verschiedenen Welten von Mann und Frau zu unterscheiden. Es wird allgemein festgestellt, daß Poesie ein weibliches Unterfangen ist, daß das Zeigen starker Gefühle unmännlich ist. Sich als Junge für Ballett zu interessieren, ist geradezu eine Aufforderung, sich als weibisch deklassieren zu lassen. Die Fähigkeit, viel Geld zu verdienen, wird dagegen als eine überwiegend männliche Eigenschaft betrachtet. Daraus erklärt sich, daß unter diesen Umständen die Kultur auf wankendem Boden steht.

Dies alles bedeutet, daß der Lehrer oft gegen die Strömungen der Zeit kämpfen muß. Er muß zeigen, daß Kultur relevant ist. Er muß nachweisen, daß Kunst nicht überflüssig ist, sondern Substanz und Grundlage menschlichen Wachsens darstellt. Das ist nicht leicht zu erreichen in einer Zeit, die das Schöne ins Museum verbannt und in der die Gesellschaft von Langeweile und minderer Lebensqualität geprägt ist.

*Es ist die Aufgabe des Lehrers, den Abgrund zwischen Auffassung und Existenz zu überbrücken.* Er muß die Gesellschaft mit nüchternen Augen betrachten und ihre Unzulänglichkeiten aufzeigen. Eine solche Analyse, die das Aktuelle ins Scheinwerferlicht bringt, stellt den Auftakt zur Erneuerung dar. Der Student erkennt dann, daß eintöniges Grau nicht unvermeidbar ist, daß überfüllte Städte mit ihren anonymen Menschenschicksalen nicht den Glanzpunkt der Zivilisation darstellen; er kann Vergleiche anstellen, so etwa mit dem antiken Athen oder dem Florenz der Renaissance, um so neue Formen und Wertungen zu entwickeln. Das Ziel ist, den Studierenden so zu motivieren, daß er mit der Zeit ein existentieller Mensch wird, der sein eigenes Leben und das seiner

Gemeinde erneuern will. Eine der Hauptfunktionen des Lehrens ist das Reformieren. Dies steht im Gegensatz zur hergebrachten Auffassung, die besagt, der Lehrer habe zur Aufrechterhaltung des Status quo beizutragen. Ein Rektor der alten Schule wurde gefragt, was er von seinen Lehrern erwarte. Seine Antwort: »Ich will keine Schwierigkeiten.«

Die Vorstellung, daß der Lehrer ein Konformist sein und sich mit den mittelmäßigen Strömungen seiner Zeit abfinden soll, daß er sich den Forderungen der Mode und Zweckmäßigkeit beugen soll, trägt wesentlich dazu bei, daß Kulturrückständigkeit zur permanenten Misere wird. Diese Vorstellungen bedeuten im Grunde, daß der Lehrer seine Eigenverantwortlichkeit aufgibt, die, über das Schulzimmer weit hinausgehend, alle wichtigen Gebiete menschlicher Institutionen berühren sollte.

»Schäme dich, zu sterben, bevor du nicht irgendeinen Sieg für die Menschheit errungen hast«, war der Rat, den Horace Mann den Erziehern seiner Epoche gab. Dieser Geist ist es, der den neuen Lehrer beseelen sollte. *Nicht Objektivität, sondern Beteiligung, nicht Feigheit, sondern intellektueller und moralischer Mut sollten seine Einstellungen kennzeichnen.*

2

Der Einwand könnte erhoben werden, daß dies utopische Ansichten seien. In jeder Gesellschaft tendieren die Lehrer dahin, gesichert zu sein. Nehmen nicht viele diesen Beruf an, um den Unsicherheiten des Lebenskampfes zu entgehen? Sind nicht viele überaus konservativ in ihren gesellschaftlichen und wirtschaftlichen Lebensanschauungen? Gibt es nicht sogar welche, denen die Schüler tatsächlich widerwärtig sind? Der Erzieherberuf kann sogar der Ausdruck eines pathologischen Zustandes sein. So konnte man in einer Fibel für Schulanfänger in New England folgenden Dialog zwischen dem Tod und einem vom rechten Weg abgekommenen jungen Menschen lesen:
»Junger Mann, ich komme, Deinen Atem abzuschneiden und Dich in den Schatten des Todes zu tragen.

Ich kann kein Mitleid mit Dir zeigen,
denn Du hast Deinen Gott sehr beleidigt.
Dein Leib und Deine Seele sind verloren:
Deinen Leib werde ich im Grab verstecken,
und Deine Seele muß in Ewigkeit
mit allen Teufeln in der Hölle wohnen.«
*Die Geschichte der Pädagogik liest sich wie ein Katalog menschlicher Torheiten.* Jahrhunderte hindurch wurde es für richtig gehalten, Schüler auszupeitschen. Das sollte ihre Tugenden stärken und sie daran hindern, vom rechten Weg abzukommen. Als Horace Mann eine humanere Art des Unterrichts einführen wollte, wurde er umstürzlerischer Absichten verdächtigt. Als die Naturwissenschaften in den Lehrplan eingeführt wurden, wurde dies als eine Bedrohung für die Pflege der klassischen Sprachen betrachtet. Als das Studium der Psychologie angeraten wurde, fürchteten einige, dies werde das akademische Studium verwässern.

Koedukation wurde von vielen Traditionsgetreuen als ein Auftakt zum allgemeinen Verlust der Moralität betrachtet, denn wie können die Geschlechter beisammen sein und ernsthaft lernen inmitten all der daraus entstehenden Ablenkungen? Als vorgeschlagen wurde, den Künstlern größeren Raum zu geben im Curriculum, glaubte man, dies könne hedonistischen Geist fördern. Was die sexuelle Aufklärung betrifft, so wurde diese lange Zeit als elterliche Verantwortung betrachtet und als ein Gebiet, mit dem die Schule sich nicht befassen sollte.

Viele glauben, Lehrer verdienten nicht, gut bezahlt zu werden. Folglich wählen fähige Studenten, die ihre Familie nicht zu kurz kommen lassen wollen, in vielen Ländern lieber andere Berufe. Die Unterbezahlung des Lehrers ist ein Zeichen für den grundsätzlichen Mangel an Achtung der Erziehung gegenüber. Noch schlimmer ist jedoch die herablassende Einstellung, die viele dem Lehrer gegenüber haben. Sie deuten damit an, daß der Lehrer in Wirklichkeit nur eine unbedeutende Funktion in der Gesellschaft hat und, da er kein Mann des Handelns ist, sein Leben zu einer Existenz der Unauffälligkeit und vornehmen Armut verurteilt ist.

*Der Lehrer wird durch existentielle Isolierung, durch Routine und Wiederholung daran gehindert, sich selbst voll zu entfalten.*

*Er stagniert im akademischen Ritual. So verliert er das passionierte Engagement, das eigentlich das Wesen der Erziehung ausmacht.*

Der Einwand mag erhoben werden, daß solch existentielle Begeisterung im schulischen Dasein unmöglich sei. Schülerarbeiten korrigieren, Konferenzen halten, mit Eltern reden, Stunden oder Vorlesungen halten, Studenten beraten - wie kann man da Begeisterung aufbringen? Und doch, ohne sie verliert der Lehrer an Wirkung. Er wirkt wie ein Schauspieler, der seine Verse mechanisch hersagt. Ohne inneren Enthusiasmus verliert er den Funken, der junge Menschen mitreißt. Schüler mögen anfangs nicht begreifen, warum ihr Lehrer mit solchem Feuer von der Geschichte des Mittelalters spricht, von Sanskrit oder den Sitten und Gebräuchen der Eingeborenen auf Guinea, wenn aber der Lehrer beginnt, diese Dinge auf die Gegenwart zu beziehen, wenn es ihm gelingt, ihre Bedeutung lebendig werden zu lassen, wenn er ihre mehrschichtige Bedeutung aufdeckt, werden die Schüler einen neuen Horizont und tiefere Einsichten gewinnen.

Der Lehrer muß enthusiastisch sein, nicht nur hinsichtlich der Ideen und Ideale, die er vertritt, sondern hinsichtlich des Lebens selbst. Er muß Offenheit allen Aspekten des Daseins gegenüber kultivieren und Weisheit erstreben, die den Vorlesungssaal bei weitem transzendiert.

Walt Whitman beschrieb diese Suche in »Song of the Open Road«:

»Nun erkenne ich das Geheimnis über die Entstehung der besten Menschen, es besteht darin, unter freiem Himmel aufzuwachsen und in Tuchfühlung mit der Erde zu schlafen und zu essen.

Eine große persönliche Tat hat hier Raum. (Solch eine Tat erfaßt die Herzen der ganzen Menschheit.

Die Ausstrahlung ihrer Stärke und Willenskraft überwindet das Gesetz und macht sich lustig über jede Autorität und alle Argumente, die gegen sie selbst gerichtet werden.)

Hier ist der Test der Weisheit:

Weisheit wird letztlich nicht in Schulen gemessen, Weisheit kann nicht von jemanden, der sie hat, an jemanden, der sie nicht hat, weitergegeben werden, Weisheit kommt von der Seele, läßt sich nicht beantworten; sie ist ihr eigener Beweis, sie erstreckt sich auf alle Phasen und Objekte und Qualitäten und ist Gehalt, ist die Gewißheit der Realität und Unsterblichkeit der Dinge, und ist der Glanz der Dinge.

Etwas dort ist im Fluß in der Sicht der Dinge, das sie aus der Seele hervorlockt.

Nun überprüfe ich aufs neue Philosophien und Religionen, sie mögen richtig erscheinen im Vorlesungssaal, aber ganz und gar nicht standhalten unter ziehenden Wolken, in freier Landschaft und an rauschenden Flüssen.«

3

*Der wirkliche Lehrer muß ein ethischer Katalysator sein. Diese Aufgabe geht weit über die Wissensvermittlung hinaus. Fakten geben nur Hilfestellung für Werturteile und dauerhaftes soziales Engagement. Der Lehrer muß aufzeigen, wie die Heuchelei und Gleichgültigkeit der Gesellschaft überwunden werden kann.*

Es ist unmöglich, den brennenden Problemen unserer Zeit gegenüber neutral zu bleiben. Wir können nicht objektiv sein, was Krieg, Wirtschaftsdepression und Rassenvorurteile angeht.

Warum sind die Schulen so erfolglos geblieben, was die Entwicklung aufgeklärter Perspektiven betrifft? Wieso haben sie oft sogar zum kulturellen Rückstand beigetragen? Warum haben sie nicht eine offenere Mentalität fördern können?

Ein Grund dafür liegt darin, daß die Lehrer ihre Aufgaben aus zu enger Sicht betrachten. Sie haben einen Lehr- und Stundenplan, dem sie verhaftet sind. Ein anderer Grund ist der, daß ihnen während der Ausbildung eingetrichtert wurde, Wissenserwerb sei das Wichtigste, nicht die Erneuerung menschlicher Einsichten und Haltungen. Mehr noch, die Lehrerschaft ist eine Widerspiegelung der gängigen Wertvorstellungen. In einer Gesellschaft voller Vorurteile wird der Lehrer selten den vorherrschenden Anschauungen entgegenzuwirken versuchen. In einer autoritären Atmosphäre wird er sich selten jenen widersetzen, die die Macht ausüben. Da er meistens keine größere Verantwortung zu haben glaubt, überläßt er Streitfragen gerne den Politikern.

Es ist viel schwieriger, eingefahrene Vorstellungen zu ändern als grundlegende Fakten zu lehren. Denn Einstellungen werden von Gefühlen und Motiven bestimmt, die weitgehend unbewußt bleiben. Und trotzdem bestimmen sie sowohl das Bild, das wir uns von uns selbst entwickeln, als auch den Eindruck, den wir auf andere machen.

Die meisten Lehrer sind schockiert, wenn Schüler abschreiben oder sonstwie Leistungen vortäuschen, *aber wenige sind von Vorurteilen und Voreingenommenheiten schockiert. Noch wenigere sind beunruhigt, wenn Schulen einen Elitegeist hegen und nur einer bevorzugten Schicht die Tore öffnen.* Vorurteile sind die größte Amoralität des modernen Menschen. Ihretwegen sind Millionen vernichtet worden, ihretwegen ist Krieg eine dauernd über uns schwebende Gefahr. Freud warf Licht auf dieses Problem, indem er auf die Stärke der Projektion hinwies. Wir projizieren unsere Aggressionen auf andere. In »Die autoritäre Persönlichkeit«, einer klassischen Studie, zeigte Adorno, wie die Deutschen einige ihrer Neigungen zur Selbstverherrlichung und ihre unbefriedigten sexuellen Tendenzen auf die Juden projizierten. Die Rassenkonfliktstudie von Gunnar Myrdal, »Das amerikanische Dilemma«, hat Bedeutung für alle Beziehungen zwischen sozialen Gruppen. Studien wie die von Lomax, »The Negro Revolt«, von Dollard, »Caste and Class in a Southern Town«, oder von Baldwin, »The Fire Next Time«, zeigen die enge Beziehung zwischen psychologischen und wirtschaftlichen Faktoren in der Diskriminierung der Schwarzen. Herkömmliche Erziehung hat zu dem Problem beigetragen, indem sie bösartige Einstellungen der gesamten Gemeinde reflektierte, die Probleme ignorierte und manchmal dadurch, daß sie Stereotypen einfach übernahm.

Konventionelle Erziehung hat sich nie berufen gefühlt, gegen Vorurteile anzukämpfen; sie hat die Probleme zu leicht genommen und dadurch zu den Konflikten unserer Zeit beigetragen.

Die leicht wahrnehmbaren Auswüchse der Rassenprobleme sehen wir in Ländern wie den USA, Indien, Indonesien und England. Aber ihre Spuren können überall da festgestellt werden, wo eine

Gruppe dominant ist und ihre Normen und Werte der Minorität aufzwingt. Schlimmer noch, wir werden nicht einmal klüger durch die Verfolgungen, die wir erleiden. Die Puritaner, die in England diskriminiert wurden, diskriminierten später andere Glaubensangehörige in den USA. Die Art, mit der Opposition in totalitären Staaten behandelt wird, gehört zu der gleichen Einstellung. Wo immer menschliche Freiheit vergewaltigt wird, wo immer Gleichgültigkeit gedeiht, da ist die Zivilisation in Gefahr. Wenn wir bedenken, wie die Gesellschaft zu ehemaligen Sträflingen steht, so wird uns klar, welch weiter Abstand besteht zwischen laut verkündeten Idealen und tatsächlichem Verhalten.

Man könnte einwenden, diese Konflikte müßten in der Regierung, im Elternhaus, in der Kirche behandelt werden. Und diese Institutionen sind auch bemüht, aufgeklärtere Einstellungen hervorzurufen, aber es ist die Schule, die hier führen und Pionierarbeit leisten muß. Historisch gesehen hat sie oft das Gegenteil getan, denn schon ihrer Struktur nach war und ist sie exklusiv. Josiah Royce unterschied in seiner Philosophie zwischen Beschreibung und Beteiligung. Beschreibung ist ein äußeres Mittel. Sie fordert keine Identifikation. Sie ist ein Symbol der inneren Unbeteiligtheit konventioneller Schulen. Beteiligung dagegen fordert Einfühlung; in ihr vereinigen sich geistige und emotionale Komponenten; sie setzt projizierte Phantasie voraus.

*Ohne wirkliche Beteiligung kann das Vorurteil - in allen seinen Erscheinungsformen - nicht beseitigt werden.*

Ich lehrte einmal in einer Stadt, in der Rassenvorurteile an der Tagesordnung waren. Diskriminierung sowohl der Schwarzen als auch der mexikanischen Amerikaner war in Geschäften und Restaurants, im Schulwesen und auf dem Wohnungsmarkt die Regel. Die Studenten brachten diese Einstellung mit, und so waren die Farbigen an der Universität isoliert. Ich verlangte in einem Seminar, daß alle das Buch »Black like Me« von Griffin lesen sollten. Die Hauptperson in diesem Buch hatte sich mit chemischen Mitteln die Haut schwarz gefärbt. Anstelle eines angesehenen weißen Bürgers war er plötzlich eine »Unperson«. Früher waren ihm Verständnis und Höflichkeit zuteil geworden, jetzt rannte er überall gegen Mauern von Voreingenommenheit. Es war nicht lediglich äußere Gewalttätigkeit, sondern ein Mangel an Teilnahme und manchmal bitterer Haß, die ihm die eigene Isoliertheit schmerzhaft spüren ließen. Im tiefen Süden waren sogar die täglichen hygienischen Bedürfnisse nur mit großen Schwierigkeiten zu erfüllen. Das Buch machte Eindruck, denn es sprach die Vorstellungskraft der Studenten und ihre Fähigkeit des Mitfühlens an. Natürlich können die politischen und wirtschaftlichen Maßnahmen im Kampf gegen Diskriminierung in ihrer Bedeutung nicht übersehen werden, aber sie bedürfen der Ergänzung durch eine Veränderung emotioneller Einstellungen. Ohne dieses Komplement kann wirkliche Humanität nicht erreicht werden.

Antisemitismus kann zum Krebsgeschwür werden; das hat die deutsche Geschichte bewiesen. Die Statistiken über die Millionen Menschen, die umgebracht wurden und über die Leiden, die Hitler über die Juden brachte, können niemals so wirkungsvoll sein wie das, was Anne Frank in ihrem Tagebuch beschrieben hat. Kein Wunder, daß ihr Buch von Millionen in der ganzen Welt gelesen wurde. Seine Attraktion liegt in seiner Einfachheit. Es gab da keine heroischen Heucheleien. Es war die Geschichte einer Heranwachsenden mit typischen Hoffnungen und Erwartungen von einer Welt, die sie stattdessen verfolgte und zu vernichten trachtete. Sooft ihr Leben bedroht ist und die Familie in angstvolle Spannung gerät, ist der Leser mitberührt. Er erlebt ihre täglichen Entbehrungen mit ihr. Er sieht, wie sie träumt und sich nach einer Welt des Friedens sehnt. Daß sie sich verliebt, hat eine einmalig tragische Bedeutung, denn diese Liebe wird nie Erfüllung finden. Ihr Schicksal war unausweichlich: menschliche Bosheit und das Vorurteil hatten gesiegt.

*Zweiter Teil*

# VII

# Herausforderungen zur Menschlichkeit

»*Sie (die Völker der Welt) müssen einen verbindlichen Vertrag und einen Bund schließen, dessen Verfügungen eindeutig, unverletzlich und bestimmt sind. Sie müssen ihn der ganzen Welt bekannt geben und die Bestätigung der gesamten Menschheit für ihn erlangen...Alle Kräfte der Menschheit müssen frei gemacht werden, um die Dauer und den Bestand dieses größten aller Bündnisse zu sichern... Warum sollte diese wichtigste und erhabenste Sache - das Tagesgestirn am Himmelszelt wahrer Kultur und die Ursache des Ruhmes, des Fortschritts, des Wohlergehens und Erfolges der ganzen Menschheit - unmöglich sein? Der Tag wird sicher kommen, an dem ihr klares Licht Erleuchtung über die gesamte Menschheit gießen wird.*«

'Abdu'l-Bahá

1

Eine meiner früheren Studentinnen, Marilyn Wilhelm, begann 1967 mit einem sehr kreativen Schulexperiment in Houston, Texas. Nach wenigen Jahren waren über 100 Schüler eingeschrieben und zehn Lehrer eingestellt. Die Wilhelm-Schule erwarb sich in wenigen Jahren internationale Anerkennung.

Die Lehrer wurden danach ausgewählt, ob sie über echte menschliche Wärme verfügten und bereit waren, mit den Kindern zusammen zu lernen. Die Motivation der ganzen Schule ist ausschließlich positiv. Liebe zu Kindern ist dabei kein abstraktes Ideal, sondern lebendige, pulsierende Wirklichkeit. Die Kinder kommen aus den verschiedensten Schichten. Einige stammen aus reichen Familien, andere aus armen; Stipendien stehen zur Verfügung; sogar Kleidung wird von der Schule bereitgestellt. Dies geschieht nicht in karitativem Geist, sondern aus einer spontanen Großzügigkeit heraus. In einigen Elternhäusern ist man kunstfreundlich, in anderen fehlt es am einfachsten Lesematerial. Einige Kinder kommen aus unvollständigen Familien. In manchen Fällen sind die Mütter berufstätig, um die Familie zu ernähren.

Die Schule verlangt mit Recht, daß die Eltern sich am erzieherischen Prozeß aktiv beteiligen. Mit den Lehrern zusammen verfassen sie schriftliche Berichte über den Fortschritt der Kinder zu Hause, in ihren Beziehungen zu Eltern und Geschwistern und in der Schule, darüber, wie sie zu Kunst und Wissenschaft stehen und was sie tun, um ihr Leben sinn- und wertvoller zu machen.

Die Hauptbetonung liegt auf Kooperation und Entfaltung. Da Selbstausdruck allein als unzulänglich angesehen wird - der Mensch ist ein soziales Wesen -, muß das Kind lernen, in der Gesellschaft zu leben und sich selbst in der gleichen Weise wie die anderen zu respektieren. Das bedeutet in dieser Schule kein Unterdrücken der individuellen Eigenart, sondern das Erreichen eines Ausgleichs zwischen persönlichen und gesellschaftlichen Bedürfnissen, das Erlernen einer Poesie der Umgangsformen.

Die Grundlage für den individuellen Lehrplan jedes Kindes bildet eine psychologische Diagnose seiner Fähigkeiten und das Eingliedern in eine kleine Gruppe. Das Theater, das Museum, die Konzerthalle werden ebenso zum Lernen benutzt wie das Schulgebäude. International anerkannte Künstler und Wissenschaftler kommen in die Klassen und bereichern das Lehrangebot. Viele Exkursionen werden gemacht, um die nähere und weitere Umgebung kennenzulernen.

Die Kinder entfalten bald ein intensives Interesse an den Künsten und Wissenschaften. Für sie ist das Anhören von Musik oder Beschäftigung mit einem mathematischen Spiel keine Aufgabe, sondern ein Erlebnis mit frohen und kreativen Elementen. Die Schule macht Kunst zur Grundlage des Lehrplanes. Jeden Monat wird die Lebensgeschichte eines Künstlers als Bühnenstück verarbeitet und aufgeführt. So wissen die Kinder mehr über Beethoven, Bach oder Chagall als viele Erwachsene. Die Schule kombiniert Spiel und Arbeit, Produktivität und Genuß, ordentliche und außerordentliche Unterrichtsfächer. Klassische Musik ist immer zur Verfügung, sie intensiviert die Empfindungsfähigkeit und Erlebnisbereitschaft der Kinder. Die Schule hat z.b. ihr eigenes Streichquartett.

Die Kulturpflege soll universell sein, darum werden an der Wilhelm-Schule Elemente chinesischer Kalligraphie ebenso gelehrt wie die Grundlagen mehrerer Fremdsprachen. Weihnachtslieder werden z.b. auf Japanisch, Französisch, Deutsch und Spanisch gesungen, und die Kinder korrespondieren mit Schülern im Ausland. Es gibt keine Noten oder andere »Belohnungen«. Die älteren Kinder lernen vielmehr, den jüngeren zu helfen. Jedes Kind hat in der Wilhelm-Schule einen speziellen »Lehrauftrag« - was die Kommunikationsfähigkeit der Schüler sehr intensiviert.

Die Kinder können es kaum erwarten, zur Schule zu kommen. Sie freuen sich auf den täglichen Schulbesuch. Welcher Gegensatz zur üblichen Schule, die von den meisten Kindern im Grunde gefürchtet wird! Ein kleines Mädchen wurde von seiner Mutter gefragt, was es heute in der Wilhelm-Schule gegeben habe. »Alles war schön«, antwortete das Kind.

Wir brauchen Tausende solcher Schulen in allen Ländern. Sie wären vor allem an den sozialen Brennpunkten nötig. Wir haben unsere Kinder unterschätzt und untererzogen. Wir haben bisher noch nie die transformierende Macht der Künste und Wissenschaften voll für den erzieherischen Prozeß ausgeschöpft. Wir haben die unbegrenzten Möglichkeiten der Erziehung weder voll erkannt noch entwickelt.

Solche Schulen könnten neue und engere Beziehungen zwischen Kind, Lehrer und Eltern schaffen. Sie könnten die Basis einer Erneuerung der Gesellschaft und Gemeinschaft sein. Sie könnten Lernen zu einer lebenslangen Daseinsform machen. Sie könnten unsere Familien erneuern und kräftigen und sie zu Zentren wahrer Kultur und Religion machen.

Die Struktur der Wilhelm-Schule hat große Bedeutung für eine echte religiöse Bildung:

• Die Kinder sind aufgeschlossen für eine universelle Kultur - eine Tatsache, die Religion lebendig macht.

• Die Kinder kennen keine falschen Tabus. Sie erfahren die Religion als eine positive Qualität des Lebens.

• Die Kinder lernen zu teilen. Für sie ist das Gemeinschaftsgefühl eine Realität.

• Die Kinder schützen die Schwachen. Nächstenliebe ist keine Theorie, sondern ein Teil ihres Lebens.

• Die Kinder machen einen Sensibilisierungsprozeß durch. Dadurch schätzen sie die Hingabe, die echte Religiosität entwickelt.

• Das Gute ist das Fundament des Erziehungsprogramms. Das Gute wird gefördert durch lebendige Kunst und Wissenschaft, spontanes Zusammenleben und einen kooperativen Geist in der Familie.

• Durch die kosmopolitische Perspektive sind die Kinder tolerant gegenüber anderen Philosophien und Religionen. Religion bedeutet für sie kein defensives Unternehmen.

• Religion wird in der Wilhelm-Schule nicht als Abstraktion, sondern als existentielle Herausforderung gelehrt.

Dadurch, daß die soziale Tat im Zentrum der Wilhelm-Schule steht, hat sie eine effektivere Ausstrahlung als viele konventionelle religiöse Schulen, in denen der Glaube oft nur an der Oberfläche gedeiht und Slogans eine im Grunde seelenlose Atmosphäre verdecken.

Der Zen-Buddhismus lehrt, daß jeder, der zu oft den Namen Buddhas nennt, seinen Mund ausspülen soll. Dasselbe kann auf manche sogenannten religiösen Schulen und Lehranstalten angewandt werden, die das soziale Engagement durch traditionelle Rhetorik ersetzen.

Einige Kinder, die jetzt die Wilhelm-Schule besuchen, kommen von einer konservativen Baptisten-Schule, wo leider ein Geist der

Intoleranz herrscht. Dort ist es selbstverständlich, daß man auf Schwarze herabsieht. Sind sie nicht minderwertig? Man nennt sie einfach »Nigger« - ein Wort der Verachtung. Eine der Hauptfunktionen der Wilhelm-Schule ist es, die Werte der Kultur so zu ändern, daß sie niemanden verletzen und daß Religion nicht als Theorie, sondern als Praxis der Brüderlichkeit erlebt werden kann.

In all ihren Tätigkeiten wurde Marilyn Wilhelm von der Bahá'í-Religionsgemeinschaft beeinflußt. Sie ist im engen Kontakt mit führenden Persönlichkeiten dieser Gruppe, in den USA und Europa. Diese Kooperation wirkt sich in jeder Hinsicht schöpferisch aus. Kann dadurch eine fundamentale Veränderung in der Bildung auf einer weltweiten Basis stattfinden?

2

Einen äußerst wichtigen Beitrag zu einer neuen Bildung leistet auch die »Schule der Nationen« in Brasilia, Brasilien. Hier finden wir Schüler aus 25 Nationen, die in einer schöpferischen Weise gelernt haben zusammenzuleben und ihre Verschiedenheiten zu schätzen. Die Bahá'í-Philosophie dominiert in dieser Schule - eine Tatsache, die eine kosmopolitische Einstellung seitens Eltern, Lehrer und Schüler begünstigt.

Als 1987 ein neues Gebäude in dieser Schule eröffnet wurde, wurden Gebete von allen Weltreligionen in einer solchen Weise vorgetragen, daß die Schüler der Schule lernten, wie wichtig eine internationale Perspektive auch auf dem religiösen Gebiet ist und wie viel noch getan werden muß, um Toleranz zur Lebensweise zu machen.

Der Direktor der Schule, Dr. James M. Sacco verkörpert den Geist der Weltoffenheit. Ob Russe oder Amerikaner, ob Europäer oder Brasilianer, ob Afrikaner oder Asiate - jeder Schüler findet in Dr. Sacco einen Freund, für den die Förderung der schöpferischen Fähigkeiten eine dauerhafte Herausforderung darstellt.

Der Religionsunterricht in der Schule vermeidet jede Form des Dogmatismus. Dr. Sacco erklärt in dieser Hinsicht in einem Bericht in »One Country«: »Von der fünften bis zur achten Klasse wird durchwegs Vergleichende Religionswissenschaft gelehrt. Es beginnt in der 5. Klasse mit dem Studium der Bibel in einem historischen Kontext, dann folgt in der 6. Klasse das Neue Testament, in der 7. Klasse der Islam. In der 8. Klasse wird der Bahá'í-Glaube durchgenommen sowie andere philosophische und religiöse Bewegungen des 19. und 20. Jahrhunderts.«

Besonders populär in der Schule ist der indische Tanz, der die körperliche Geschmeidigkeit der Schüler intensiviert und gleichzeitig Interesse für indische Kultur erweckt.

Wir dürfen nicht vergessen, daß die konventionellen Schulen so oft einseitig erziehen. Sie fördern das Trennende und nicht das Gemeinsame. Sie begünstigen Statusdenken und ein Ghettodasein. In der »Schule der Nationen« wird das Gegenteil versucht und auch verwirklicht.

Dr. Sacco betont: »Außenstehende haben uns berichtet, daß die Kinder der Schule aufgeschlossener sind, mehr Bereitschaft zeigen, Freunde zu gewinnen und neue Erfahrungen zu machen. Wir bringen den Kindern nicht nur bei, Andersartigkeit zu tolerieren, sondern, sie aktiv zu suchen und nicht vor ihr zurückzuschrecken. Wir haben das Gefühl, daß das vielleicht das Wichtigste ist, was wir anzubieten haben.«

3

In Zukunft muß echte Solidarität intensiviert werden. Wenn wir über das Evangelium nachdenken, ist es eine Geschichte der Begegnung, und diese Begegnung bestimmt unser Schicksal. Der Unterricht selbst ist nur der Anfang einer permanenten Provokation.

Ich erinnere mich an eine Bahá'í-Professorin in Kalifornien. Sie war nie reich, sie war nie anerkannt und hat keine Bücher geschrieben, aber sie war einfach eine wunderbare Lehrerin. Dann wurde sie krank, und ihre Krankheit war unheilbar. Als ich sie zum letzten Mal im Spital besuchte, sagte sie mir: »Öffne bitte meine Schublade, es sind viele Briefe darin, Briefe von Schülern und

Schülerinnen, die in vielen Ländern der Welt arbeiten. Das ist meine Erfüllung! Vielleicht ist es mein letztes Zeugnis.«

Echte Erziehung fängt dort an, wo die konventionelle Erziehung aufhört. Was kommt nach der konventionellen Erziehung? Das ist die Herausforderung. Was kommt nach der Schule, im Leben, in unserem Kampf gegen Vorurteile? Was geschieht gegen Vorurteile gegenüber anderen Religionen, anderen Philosophien, anderen Nationen? Was geschieht besonders gegen das Vorurteil gegenüber älteren Menschen? Und es gibt so viele andere Gruppen, die unter Vorurteilen leiden! Führen Vorurteile nicht immer wieder zu Greueltaten?

Viele Tausende Bahá'í haben unter der Verfolgung von islamischen Fundamentalisten gelitten. In den Gefängnissen von Iran hat schon immer eine Atmosphäre des Terrors geherrscht - ein Terror, der den »wahren Gottesglauben« schützen sollte.

Ein Bericht der NGO's über den Iran zeigt das Ausmaß des Terrors: »Wir beklagen die Verfolgung der Bahá'í in der Islamischen Republik Iran, auf die zahlreiche dokumentierte Festnahmen, Folterungen und Inhaftierungen von Mitgliedern des Bahá'í-Glaubens sowie die Tötung von 201 Bahá'í seit dem Jahre 1979 schließen lassen.... Wir beklagen desweiteren das Todesurteil gegen Herrn Binham Mithaqi und Herrn Kayvan Khalajadadi am 23. November 1993, das allein aufgrund ihres religiösen Glaubens verhängt wurde und indem sie als »unprivilegierte Ungläubige im Krieg mit der moslemischen Nation« angeklagt worden sind. Wir fordern die ... Menschenrechtskommission dringend auf, die Verletzungen der Menschenrechtserklärungen der Vereinten Nationen durch die Islamische Republik Iran gründlich zur Kenntnis zu nehmen und die härtestmöglichen Maßnahmen zu ergreifen, um die Rechte der freien Religionswahl und Religionsausübung aller Bürger der Islamischen Republik Iran zu verteidigen und zu schützen.« Doch die Reaktion von Iran war negativ, denn dort herrschte ein totalitäres Regime, das kein Verständnis für Glaubensfreiheit und Pluralismus hatte...

Ich wurde einmal gefragt, wie tolerant ein Religionslehrer sein soll. Meine Antwort war: »Er soll so aufgeschlossen sein und universell denken wie der Generalsekretär der Vereinten Nationen!«

# VIII

# Das demokratische Ideal

*Gesetze und Regeln müssen Hand in
Hand gehen mit dem Fortschritt des
menschlichen Geistes*
Thomas Jefferson

1

Die Zielsetzungen der Demokratie sind anerkennenswert, die Ideale großartig, aber die Wirklichkeit ist eher ernüchternd. Besonders in Notzeiten werden demokratische Freiheiten beschnitten. Darüberhinaus widersetzen sich Konservative in vielen Teilen der Welt jeder Demokratisierung des Wirtschaftssystems. So oft wird Demokratie durch das Übergewicht militärischer Einflüsse in Frage gestellt, oder durch irgendwelche Notstände, wodurch eine rationale Erledigung öffentlicher Aufgaben unmöglich wird. Noch öfter werden demokratische Freiheiten für Gruppeninteressen mißbraucht.

Die ideale Demokratie wurde von Perikles sehr gut beschrieben, wie Thukydides überliefert: »Wir genießen eine Regierungsform, die nicht in Rivalität steht mit unseren Nachbarstaaten, nein, im Gegenteil, wir sind eher ein Beispiel für andere, als daß wir sie nachahmten. Der Name ist Demokratie, da wir nicht von einigen wenigen, sondern von vielen regiert werden. Und es ist wahr, daß in Gesetzesfällen und im Privatbereich alle Bürger gleichberechtigt sind. Im öffentlichen Leben wird jeder Mann je nach Ruf und Fähigkeit befördert - nicht wegen seiner Parteizugehörigkeit, sondern wegen seiner Tüchtigkeit. Weiterhin, wenn er imstande ist, der Stadt wertvolle Dienste zu leisten, so ist auch Armut kein Hindernis, denn sie beeinträchtigt ja nicht die gute Meinung, die die Menschen von ihm haben.«

In ihrem tatsächlichen Verhalten, besonders in auswärtigen Angelegenheiten, waren die Athener viel weniger idealistisch. Das zeigte sich zum Beispiel in ihrem Angriff auf Melos, wo sie ohne Gnade vorgingen, alle Männer im kampffähigen Alter umbrachten und die Frauen und Kinder als Sklaven verkauften. Die athenischen Botschafter teilten den Bewohnern von Melos mit, daß die Frage der Gerechtigkeit in menschlichen Angelegenheiten »nur unter Gleichgestellten akut wird, während die Überlegenen nehmen, was ihnen zufällt.«

Im Laufe der Geschichte finden wir immer nur partielle Verwirklichung von Demokratie. Die Athener hatten imperialistische Tendenzen. Ihr Freiheitsbegriff erstreckte sich nicht auf Frauen und Sklaven. John Locke erachtete Freiheit und Demokratie als höchste Werte, aber seine Toleranz erstreckte sich nicht auf Atheisten, Anarchisten und Katholiken. Die Schwäche der demokratischen Regierungsform liegt in ihren selbstauferlegten Grenzen und im Zweifel daran, daß man demokratische Grundsätze auch bei der Verwaltung von Institutionen anwenden kann.

Demokratie ist also ein Ideal, das nicht durch formale politische Vorgänge definiert ist, sondern durch einen gewissen Lebens- und Wahrnehmungsstil. Ihr Ziel ist es, die Autonomie des einzelnen zu betonen. In einer Massenzivilisation wird aber der einzelne leicht zu einer statistischen Zahl, die mühelos manipuliert werden kann.

Große Theoretiker der Demokratie, wie Jefferson, glaubten an die Möglichkeit der Dezentralisierung und einer landwirtschaftlichen Basis des Lebens. Aber das scheint heute, in einer Zeit, in der Urbanisierung nicht nur in entwickelten Ländern vorherrscht, sondern auch das Schicksal der Dritten Welt zu werden scheint, unmöglich. Demokratie ist abhängig von einer echten persönlichen Identifizierung. Ferdinand Tönnies, ein bekannter deutscher Denker, unterschied zwischen Gemeinschaft und Gesellschaft. Gemeinschaft beruht auf primären Beziehungen, d.h. der einzelne wird als wichtig, als autonomer Wert gesehen. In der Gesellschaft herrschen sekundäre Beziehungen vor, in denen der einzelne nur abstrakt betrachtet wird.

Während die Stadt im antiken Griechenland echte Gemeinschaft gedeihen ließ, produzieren unsere modernen Städte nur sekundäre Beziehungen, die kurzlebig und oberflächlich bleiben. Der einzelne fühlt sich isoliert. Es bleibt ihm nur die Illusion einer Freiheit, deren Substanz längst verschwunden ist.

Demokratie ist abhängig von einem Ich-Du-Geist, wie Martin Buber ihn beschrieb. Aber die meisten unserer Beziehungen heute sind mechanisch. Wir leben in Großstädten; wir arbeiten für Riesenorganisationen; unser Schicksal wird von mächtigen Wirtschaftsinteressen und einem großen, bürokratischen Regierungsapparat gelenkt. Wie können wir unter diesen Umständen eine aktive Demokratie aufbauen, wie es die Athener taten oder etwa kleine Bürgerstädte in Neu-England und Kantone in der Schweiz es tun konnten? Darüberhinaus leben wir in einem Zeitalter der geographischen und beruflichen Mobilität. Die Vereinigten Staaten setzen hier ein Beispiel, das im 21. Jahrhundert für alle Nationen akut werden wird. Empfindungsfähige Menschen fühlen sich in dieser Atmosphäre der Unpersönlichkeit nicht wohl. Nicht umsonst griff schon Kierkegaard in seinem Werk »Das gegenwärtige Zeitalter« die Konformität der Massengesellschaft an. In jüngerer Zeit schrieb Riesman zum gleichen Thema »Die einsame Masse«, und Camus führte das Thema weiter in »Der Rebell«. Politische Entscheidungen werden für uns getroffen. Oft erfassen wir nicht einmal ihre Bedeutung. Im alten Athen dagegen konnte der einzelne Mann das politische Leben mitgestalten. Heute herrscht im wörtlichen Sinne ein Zuschauergeist, gestärkt vom Fernsehen, der die politisch passive Haltung noch vergrößert.

Die Levellers in England verfaßten 1648 eine »Übereinkunft des Volkes«, das die gleichen Rechte für alle forderte. Wir wissen heute, daß Gesetze von denen abhängen, die ihre Einhaltung überwachen. So kommt es, daß Schwarze in den USA und in England fühlen, daß für sie ein anderes Rechtssystem gilt als für die Mitglieder der Mehrheit in ihren Ländern. Die Gastarbeiter in Frankreich, Deutschland, der Schweiz und in Österreich fühlen sich ebenfalls in einer Lage, die derjenigen der ansässigen Bürger dieser Länder unterlegen ist.

Gerechtigkeit kann nicht ohne einen humanen Geist zustandekommen. Die Situation der juristischen Einrichtungen, die ganze rechtliche Maschinerie mit ihrem traditionellen Ritual, der Mangel an Menschlichkeit bei den Richtern, die allgemein harte Haltung ohne Vergebungswillen - alle diese Unvollkommenheiten sind schuld daran, daß Gerechtigkeit noch immer weit entfernt ist von uns. Diese Situation ist in totalitären Staaten der Rechten und der Linken weit schlimmer, weil Folterkammern und Gewaltverhöre sowie andere Formen des Sadismus dort zur öffentlichen Gepflogenheit gehören.

Im Gegensatz zu dem, was allgemein angenommen wird, sind Demokratien hauptsächlich von innen her bedroht. Die Athener mit ihrem Kolonialismus und Ausdehnungsstreben säten die Saat für den Untergang ihrer eigenen Freiheit, indem sie auf den Demagogen Kleon hörten. Alkibiades war für eine Weile sehr populär, weil er erklärte, die Athener könnten wählen, »ob sie herrschen oder beherrscht werden wollten; wenn wir aufhören, andere zu beherrschen, so sind wir in Gefahr, selbst beherrscht zu werden.« Während sie dauernd expandierten, wurden die Athener immer bedenkenloser und irrationaler; damit taten sie es ihren Feinden gleich - eine Sachlage, von der viele moderne Demokratien geplagt sind.

Jefferson erkannte, daß in einer Demokratie keine Trennung bestehen kann zwischen öffentlicher und privater Moral, daß der Zweck die Mittel nicht heiligt. Aber seine Normen scheinen zu hoch gegriffen im Zeitalter der Massenkonditionierung und des Massenkonsums. Lügen, Indoktrinierung und der Kampf gegen Andersdenkende sind üblich, besonders in Krisenzeiten. Dies sind Zweckmäßigkeitsmethoden, die das Klima der Demokratie vergiften.

Frieden ist das höchste Gut für Demokratien, aber unglücklicherweise geben sie, heute wie in alten Zeiten, immense Summen für militärische Verteidigung aus. Das ist die Art von Pakt, wie ihn Faust mit Mephistopheles schloß, und es scheint keinen Ausweg aus diesem Dilemma zu geben.

Demokratie braucht eine überlegene Art der rationalen Lenkung. Wie kann diese aber erreicht werden, wenn die Dinge so komplex sind, wenn der Durchschnittsmensch in Bereiche des Trivialen entflieht, wenn die Massenmedien nichts zur Aufklärung beitragen, sondern sich stattdessen auf reißerische Sensationen spezialisieren? Demokratie müßte zu weltoffenem und globalverantwortlichem Denken führen, damit wir uns der weiteren Gemeinschaft der Völker bewußt werden und echtes Verständnis für die weniger erfolgreichen Nationen entwickeln. Aber die meisten Menschen leben in einer Höhle von Egozentrismus und sind konditioniert durch Stammestabus. *Obwohl wir längst im Zeitalter der Internationalität angekommen sind, hat unsere Erziehung noch immer eine nationalistische Grundhaltung.* Internationale Organisationen, wie der Völkerbund und die Vereinten Nationen, haben nur dürftige Unterstützung von den größeren demokratischen Ländern erhalten.

Toleranz in einer Demokratie muß mehr sein als die Anerkennung von Verschiedenheit. Sie muß den dauernden Versuch machen, Diskriminierung zu überwinden und mehr soziale, wirtschaftliche und pädagogische Fortkommensmöglichkeiten für Minoritäten zu schaffen. Nach dem jetzigen Stand der Dinge hat ein Kind, das in Harlem geboren wird, viel weniger Aufstiegschancen als ein Kind, das in Beverly Hills aufwächst. Ein Kind im märkischen Viertel Berlins hat geringere soziale Chancen als ein Kind, das in einem eleganten Vorort von Bonn wohnt.

Freiheit, die Substanz einer Demokratie, ist nicht ein Zustand, sondern ein Prozeß. Im »Aufstand der Massen« zeigt Ortega Y. Gasset, wie die moderne Gesellschaft Individuen geschaffen hat, die keine Ungewißheit verkraften können und die Gewalt als eine natürliche Lebensweise betrachten. Erich Fromm beschreibt eine Flucht aus der Freiheit, die aus psychologischen Ursachen stammt. Hoffer schildert in »The True Believer« den Fanatiker, der keinerlei Meinungsverschiedenheit dulden kann und der Freiheit einem Evangelium irrationalen Handelns unterwerfen will.

Eine solche Flucht von der Freiheit kann man auch in der hellenistischen Kultur mit ihren mystischen Kulten, ethischen Modeerscheinungen und politischen Extremformulierungen feststellen. Als sich das Römische Weltreich ausbreitete, wurde Freiheit ein formales Gebilde. Der Kaiser selbst war beides, weltlicher Herrscher und höchster Priester. Flucht aus individueller Verantwortlichkeit in Fragen der Moral, Politik, Wirtschaft und Religion wurde zu einem akzeptierten Lebensstil.

Demokratie hängt davon ab, wie sich die Führung darstellt. Ein Präsident wie Hindenburg mit seinen autokratischen Zügen war ein natürliches Hindernis gegen Freiheit und Fortbestand der Weimarer Republik. Generäle wie Grant und Pétain bedrohten die Lebensfähigkeit demokratischer Vorgänge; sie vertraten Autorität und Disziplinierung. Ein humaner Präsident wie Heinemann dagegen vertrat eine schöpferische Vorstellung seiner Funktionen. Sein Büro und sein Haus standen Repräsentanten aller Gesellschaftsklassen offen. Er hatte besondere Sympathien für die wenig erfolgreichen Mitglieder der Gesellschaft. Bonhoeffer, und nicht etwa die Blut-und-Eisen-Politik Bismarcks, war für Heinemann eine Quelle der Inspiration.

*Die Versuchungen und die Korruption der Macht sind ebenso stark in einer Demokratie wie in einem totalitären Staat. Der Personenkult, Gleichgültigkeit der Behörden, Regierung durch Publizität, Angriff auf Minoritäten - diese Erscheinungen sind nicht Privileg bestimmter Regierungsformen, sondern kommen in fast allen modernen Gesellschaften vor.*

2

Das Dilemma der Demokratie gleicht dem Dilemma der Erziehung. Beide können entweder formalistische oder existentielle Formen annehmen. Eine Demokratie kann ihre rituellen Elemente, wie z.B. formale Wahlen, hervorkehren. Sie kann bewußt ihren tieferen Verantwortungen ausweichen. Sie kann sich weigern, ihre wirtschaftlichen Vorzüge allen gleichmäßig zugute kommen zu lassen. Sie kann die öffentliche Meinung manipulieren und diesen Vorgang als »Übereinstimmung« proklamieren. Sie kann Freiheit mit den Augen des 18. Jahrhunderts anschauen und damit erklären, sie gelte nur im politischen Bereich. Sie kann die Mittelmäßigkeit verherrlichen, und alles das kann als »Ausdruck des Volkswillens« deklariert werden.

Die andere Alternative für eine Demokratie besteht darin, daß sie sich einer konstanten Selbstprüfung unterzieht, nach humaneren und aufgeklärteren Lebensstilen strebt und versucht, Erziehung als ein Hauptmittel zu sozialer Reform zu benutzen. Diese Anschauung von Demokratie beschrieb Jefferson in folgender Weise: »Wenn eine Nation hofft, sie könne zugleich unwissend und frei sein, und das als zivilisiertes Volk, so erwartet sie, was nie war und nie sein wird. Die Funktionäre einer jeden Regierung haben Neigungen, die Freiheit und das Eigentum ihrer Bürger nach Gutdünken zu lenken. Es gibt keinen sicheren Hort für sie, es sei denn beim Volke selbst; aber bei ihm sind sie auch nicht sicher, so lange es unwissend bleibt.«

Das Schicksal einer Demokratie ist von der Qualität seiner geistigen Führung nicht trennbar. Die Anführer der amerikanischen Revolution waren Schüler der antiken Geschichte, besonders der der Griechen. Sie studierten Geschichte nicht nur, um in ihr Vorbilder zu finden, sondern auch, um zu lernen, wie die Fehler der Vergangenheit vermieden werden könnten.

In einer demokratischen Gesellschaft muß nach Jefferson ein brennendes Verlangen nach Human- und Naturwissenschaften kultiviert werden. Die Naturwissenschaften sind wertvoll wegen ihrer Exaktheit und ihren objektiven Normen der Verifizierung. Die Humanwissenschaften sind zu schätzen, weil sie die menschliche Existenz bereichern und den Menschen zur aktiven Suche nach Erkenntnis anregen. Jefferson konnte aufzeigen, daß die Schulen seiner Zeit nur zusammenhanglose Kulturelemente lehrten und damit den Schülern bruchstückartige Kenntnisse von Zivilisation und ihren Möglichkeiten vermittelten. Schlimmer noch, sie entwickelten selten den Wunsch, in öffentliche Dienste zu treten oder sich aktiv für die Gesellschaft zu engagieren.

Über Demokratie zu unterrichten ist etwas ganz anderes, als demokratisch zu leben und zu handeln. An einer kalifornischen Universität gab es beispielsweise einmal eine ausgezeichnete Vorlesung über demokratische Prinzipien, aber die Struktur dieses Unterrichts selbst war eine flagrante Negation der Freiheit. Sie wurde von einem vergreisten Direktionskomitee gelenkt und war ohne jedes Verantwortungsgefühl für die Stadt, in deren Mitte die

Universität existierte. Der Rektor wurde oft als eine Säule der Demokratie bezeichnet. Er hatte mit diesem Namen so viel gemeinsam wie ein General mit einem Philosophen, denn er tyrannisierte seine Lehrkörper. Wie viele, vertrat er eine Doppelmoral. Gönnern gegenüber war er ein Bild des Wohlwollens, seine Unterstellten behandelte er wie ein Diktator. Dennoch, als er starb, wurde ein Gebäude nach ihm benannt.

Solche doppelzüngige Heuchelei kommt auch in Sinclair Lewis' »Elmer Gantry« zur Sprache. Elmer Gantry war ein beliebter Prediger, der alles tat, was ihm mehr Erfolg bringen konnte. Als er in eine neue Gemeinde kam, konsultierte er einen der Diakone, der ein sehr vermögender Mann war, über ein angemessenes Thema für seine erste Predigt. Sie erwägten viele Möglichkeiten wie Sittenlosigkeit oder Prostitution. Dann aber schlug Elmer Gantry Pazifismus vor. Der Diakon war begeistert, das sei ein ausgezeichnetes Thema - solange kein Krieg in Aussicht sei.

Thrasymachos, in Platos »Republik«, beschrieb das Dilemma, das eine idealistischere Lebensweise mit sich bringt. Er vertrat die Ansicht, daß der Steuerzahler für seine Aufrichtigkeit bestraft wird, während der Steuerhinterzieher seinen Reichtum genießen kann. Der Politiker, der nicht Freund und Feind belohnt, ist unbeliebt, aber der korrupte Politiker wird gelobt. Ein Tyrann wird manchmal sogar als »Wohltäter der Menschheit« bezeichnet.

Plato bezeichnete die Demokratie als die beste aller gesetzlosen und die schlechteste aller gesetzlichen Staatsformen. Plato und Aristoteles sahen beide, daß Demokratie entweder durch Tyrannei oder durch Anarchie bedroht wird - eine Tatsache, die bis heute fortbesteht.

Der Wert der Demokratie ist von fast allen Gesellschaften, die im Laufe der Geschichte kamen und gingen, übersehen worden. Sie ist bisher immer nur bruchstückhaft verwirklicht worden, denn ihr Schicksal gleicht dem der Religion, die auch mehr wegen ihrer Möglichkeiten geschätzt wird, die sie für die Zukunft enthält, als etwa für ihre Fehlschläge in der Vergangenheit. Es kann nicht darum gehen, die Hoffnung auf Demokratie aufzugeben, sondern es muß versucht werden, sie in unserem eigenen Leben zu verwirklichen, in allen unseren mitmenschlichen Begegnungen.

Whitehead bemerkte einmal, daß Stil vielleicht die höchste Moral darstellt. Das gleiche läßt sich vielleicht von den Grundwerten sagen, die in einer demokratischen Gesellschaft vorherrschen. Wahrheit, Schönheit, Offenheit, das Gute, das alles sind keine Abstraktionen. Sie müssen empirische Realitäten werden. Wahrheit bedeutet für den demokratischen Politiker die Bereitschaft, auch einmal einen unpopulären Standpunkt zu vertreten und wie Wilson, den Völkerbund zu verteidigen, obwohl fast alle seine amerikanischen Zeitgenossen den Isolationismus vertraten. Eine solche Haltung verlangt eine Art Zivilcourage, die zum Martyrium führen kann.

Schönheitsstreben, mit dem Ziele der Verwirklichung, scheint fast ein Ding der Unmöglichkeit, wenn, wie in unserer Zeit, der Lebensstil überaus offensichtlich und so sehr von Hast gekennzeichnet ist. In »Demokratische Ausblicke« sprach Walt Whitman bereits von der »Sahara der Manieren und Unzulänglichkeiten des Charakters«, die er in seiner Gesellschaft beobachtet hatte.

Offenheit hat sowohl eine individuelle als auch eine soziale Seite. Das würde bedeuten, daß derjenige, der zur Demokratie einen Beitrag leisten möchte, immer für neue Ideen und Ideale offen ist, daß er pragmatisch ist in seiner Methode der Verifikation, ohne von der Macht verführt zu werden.

Das wahrhaft Gute mag eine relativ rare Qualität sein in einer Demokratie. Führende Leute, die diesen Charakterzug besitzen, haben nur begrenzte Aussicht, in öffentliche Ämter gewählt zu werden. Machiavelli empfahl in »Der Prinz« statt des Guten selbst den Schein des Guten zu fördern. Der Erfolg dieses Ratschlags ist von verheerender Wirkung, denn Demokratie steht und fällt gerade damit, daß der Abstand zwischen vorgegebenen Normen und aktueller Praxis überwunden wird.

Ein echt demokratischer Führer, wie es z.B. Lincoln war, besitzt die Gabe, sich mit dem Mann auf der Straße identifizieren zu können. Das ist nicht ein So-tun-als-ob, sondern eine spontane Lebenskunst. Als Jefferson Rektor der Universität von Virginia wurde, behandelte er jeden erstsemestrigen Studenten mit der gleichen Zuvorkommenheit, mit der er dem hervorragendsten Professor begegnete.

Demokratie verlangt, ganz wie Erziehung, die Anwendung permanenter Prinzipien. Nicht die momentane Zweckmäßigkeit zählt, sondern die Strategie auf weite Sicht. Wenn wir die Briefe von Jefferson oder »Das Zeitalter der Vernunft« von Paine lesen, so können wir sogar heute noch in ihnen eine philosophische Tiefe erkennen, die weit über die Grenzen ihrer eigenen Zeit hinausragt. Demokratie als existentielle Qualität verlangt die Verinnerlichung externer Möglichkeiten, das Streben nach größeren Zusammenhängen und die Ausweitung der Perspektiven, damit wir die Bande erkennen, die die Menschheit vereint. »Der Mensch, der wahrhaft Gott liebt, erwartet nicht, wiedergeliebt zu werden« - dieser Ausspruch Spinozas kann auch auf demokratische Ideale angewandt werden. Ein Mensch, der Freiheit, Einfühlung und Humanität in seinem Leben verwirklicht, sucht weder Anerkennung noch Ruhm. Er findet eine Erfüllung, die solche Dinge weit transzendiert. Der Einwand könnte erhoben werden, daß dies im Grunde ein aristokratisches Konzept sei. Es handelt sich hier um eine Schwierigkeit, die schon in der Antike beschrieben wurde. Aristoteles schloß Kaufleute aus der Regierung aus, weil sie nicht genug Zeit zum Nachdenken hatten. Die Stoiker, die das Geistesleben hochschätzten und glaubten, der Mensch teile das göttliche Leben des Logos, waren überzeugt, daß für den Denker andere Normen gelten als für den gewöhnlich Sterblichen. Da Thomas von Aquin die betrachtenden Tugenden als die höchsten einschätzte, meinte er, das politische Leben solle von wenigen, nicht von vielen, gelenkt werden. In unseren Tagen werden viele Entscheidungen von Experten getroffen, die glauben, daß ihre spezielle Kenntnis und Erfahrung ihnen überlegene Einsichten vermitteln.

Der demokratische Prozeß, wie er wirklich ist - mit seinen Parteienstreitigkeiten, groben Werbemethoden, Verbrechen und Korruptionen, vorherrschenden Wirtschaftsinteressen, zersplitterten Kräften, dazu der gleichgültigen Öffentlichkeit - mag tiefe Abneigung hervorrufen, aber Demokratie ist ein erzieherischer Prozeß, der dauernder Erneuerung fähig ist. Wenn ein großer Repräsentant der Freiheit erscheint, wenn ein neuer Stil öffentlichen Verhaltens geprägt wird, wenn eine neue Energieballung für das Wohl der

Allgemeinheit erreicht wird, wenn Erziehung ihren Erfolg im politischen Leben nachweisen kann, dann erlebt die Demokratie eine Wiedergeburt, und dann liefert sie einen wesentlichen Beitrag zum Wohl der Menschheit.

So bemerkte Jefferson: »Ich betrachte die Verbreitung von Einsicht und Erziehung als die wirksamste Quelle für eine Verbesserung der Situation, für eine Förderung der Tugend und für die Sicherung menschlichen Glücks. Daß jeder Mann tugendhaft werde, das kann in der Tat ebensowenig erwartet werden, wie daß jeder Baum Frucht und jede Pflanze Nahrung hervorbringt. Ich hoffe, daß in dem Maße, in dem wir im jetzt bei uns vorhandenen Geiste den Segen des Lehrens an die Massen herantragen, das menschliche Geschlecht glücklicher werden wird.«

3

Ohne echt menschliche Sorge und Bemühung ist die Demokratie Vorspiegelung falscher Tatsachen. Darum ist eine dauernde Reform der Institutionen notwendig, bei der die Bedürfnisse des einzelnen erkannt und Regeln und Normen sich nicht zum Zwang auswachsen können. In dem Maße, in dem den Schwächsten und Erfolglosesten in einer Gesellschaft geholfen wird, verbessert sich der Zustand einer Nation, denn Gegenseitigkeit und Nächstenliebe gehören zum Wesen demokratischen Geistes.

Die Schule muß das demokratische Klima vorbereiten. Praktisch heißt das, daß im Erziehungsprozeß Schülerbeteiligung und Schülermitverantwortung bei der Curricula-Gestaltung erwünscht sein muß. Es heißt, daß die Gegenwartsprobleme Ausgangspunkt sein müssen, so, wie es während der Aufklärung praktiziert wurde. Das bedeutet nicht, daß das 20. Jahrhundert der einzige Brennpunkt des Interesses sein sollte. Wir können viel über unsere eigenen Probleme erkennen, wenn wir griechische Geschichte studieren. Indem wir auf das alte Rom schauen, können wir neue Gesichtspunkte für die heutige Zivilisation gewinnen. So kann Gibbon uns vielleicht mehr über die Zwiespältigkeit der Regierung lehren als irgendein zeitgenössischer Staatswissenschaftler. Trotzdem, die Erfordernisse der Gegenwart dürfen nie übersehen werden. Dazu bedarf es einer viel universelleren Perspektive und einer schärferen Analyse politischer Ereignisse, als wir bisher haben. Studenten sollten ermutigt werden, sich politisch zu betätigen. Das wäre eine ausgezeichnete Gelegenheit für sie, in politischen Entscheidungsprozessen einflußreicher und verantwortungsbewußter zu werden.

Vor einiger Zeit wurde ich gebeten, Lehrplanänderungen im österreichischen Gymnasium von Kalksburg zu evaluieren, einer Schule mit ausgezeichnetem Ruf und alter Tradition. Elemente des Computer-Trainings wurden besonders betont. Meine Anregung bestand darin, daß ich erklärte, noch wichtiger sei es, Kenntnis der und Verständnis für Gegenwartsfragen zu vermitteln, und zwar auf allen Gebieten des Lebens. Daher schlug ich vor, die besten und provozierendsten internationalen Zeitungen und Zeitschriften zur Grundlage für diesen Unterricht zu benutzen. Sie zu lesen, würde dann bei den Schülern zur Gewohnheit und werde einen kosmopolitischen Geist wecken, der für die Zukunft der Demokratie unerläßlich sei. Bisher sind wir der Ansicht, daß Schüler und junge Studenten zu unreif sind, um gültige politische Entscheidungen treffen zu können. Diese Auffassung ist unrichtig und schädlich. Demokratie fängt nicht mit dem Erwachsenenleben an; sie muß im Kindergarten schon ebenso verkörpert sein wie auf der Universität, im Elternhaus und in anderen sozialen Einrichtungen. Der demokratische Geist darf den Glauben an schöpferische Quellen im einzelnen nicht aufgeben. Ob arm oder reich, jung oder alt, weise oder töricht, seine Rechte und Ansichten müssen berücksichtigt werden. *Es ist die Aufgabe des Lehrers, Sozialstudien in den Mittelpunkt zu stellen und so politische Ereignisse einer dauernden Betrachtung und Analyse zu unterziehen.*

Der moderne Standpunkt, daß Erziehung und Politik getrennt gehalten werden können, ist ein Irrtum. Aristoteles benutzte in »Politeia« die politischen Ereignisse für die erzieherische Reform. Politik bestimmt das Schicksal der Menschheit. Sie wird zum schrecklichen Ungetüm ohne Engagement und Großzügigkeit, die eine kreative Erziehung in die politischen Institutionen einfließen lassen könnte.

Viel mehr Lehrer sollten sich mit Regierungsaufgaben befassen. Ohne entsprechende Motivation allerdings können sie leicht der Korruption verfallen. Sie könnten sogar wirklich von der Möglichkeit, zu manipulieren, berauscht werden. Spezialkenntnisse sind kein Schutz gegen Dummheiten, weder in unserem privaten noch in unserem politischen Leben.

Ziel der Lehrer sollte es sein, das Niveau politischer Auseinandersetzungen zu erhöhen und Anteilnahme wie Interesse der breiten Öffentlichkeit zu erweitern. Wendell Willkie war in gewissem Sinne ein provokatorischer Lehrer dieser Art. In »Eine Welt« zeigte er, daß die Wahl für Amerika, beziehungsweise für alle Länder, nur zwischen Isolationismus, Imperialismus und echter Zusammenarbeit liegt. Staatsmänner sollten zeitweise an verschiedenen Schulen dozieren, damit ihre Ideen kritisiert bzw. herausgefordert werden können, damit sie Zeit zum Reflektieren gewinnen, vom Kleinkram, von der Hetze und hektischen Aktivität, die ihr öffentliches Amt beherrschen, wenigstens zeitweise wegkommen.

*Demokratie ist die Regierungsform, die den höchsten Grad rationalen Denkens, die weiteste Humanität und die intensivste Beteiligung fordert. Ihr Erfolg zeigt sich an der Qualität unserer Mitwirkung, der Offenheit unserer Wahrnehmungen und an der Art, in der wir am Leben der engeren und weiteren Mitwelt teilnehmen.*

Konventionelle Erziehung macht den Aufbau echter Demokratie unmöglich. Die Zielsetzungen der herkömmlichen Pädagogik sind zu begrenzt. Sie wecken nur ein schwächliches und theoretisches Echo bei Lehrern und Studenten. Sie blicken in die Vergangenheit, anstatt die Zukunft zu antizipieren. Es genügt nicht, in vielen Wissenschaften bewandert zu sein. Eine neue demokratische Gesellschaft braucht aktiv lernende und selbständig motivierte Menschen. *Sie braucht missionarischen Geist ohne Fanatismus.* Kulturgenuß muß allen zugänglich gemacht werden; die Vorteile der Freiheit müssen allen zugute kommen; die Zitadellen der Unwissenheit und des Rückstandes müssen erobert werden; die Wüstengebiete materieller und innerer Armut müssen verschwinden. Eine neue demokratische Welt erwartet von der Schule, daß sie die

Hauptquelle sozialer Erneuerung sei und daß Lehrer wie Schüler alle Formen der Isolierung und Selbstzufriedenheit überwinden. Die Schule hat dann keine äußeren Grenzen. Das Lernen hat keine zeitliche Begrenzung. Leistung wird nicht in formalen Einheiten bewertet. Der Erfolg des Lernprozesses wird sich daran bemessen, wie weit es gelingen wird, die Institutionen zu erneuern, von der Gesetzgebung bis zum Gefängnis, vom Krankenhaus bis zum Gericht, vom Fernsehen bis zum Journalismus. Die Qualität des Humanen in konkreten Situationen wird weitgehend bestimmen, wie die Zukunft sowohl der Demokratie als auch der Schule aussehen wird.

Es obliegt der Schule, eine fragende und suchende Geisteshaltung lebendig zu erhalten. Ihr Wahlspruch muß Abälards Wort sein, das besagt: »Ich zweifle, um zu wissen.« Solches Zweifeln hat einen existentiellen und einen sozialen Aspekt; es verlangt vorläufige Urteile inmitten des Graus, in dem die meisten Angelegenheiten sich heute darbieten. Aber jenseits von Zweifeln und Skeptizismus ist das sichere Wissen vom Menschen und seiner Mitwelt, die sich auf dem Wege zur echten Demokratie befinden.

# IX

# Die Aufgabe der Universität

*»Bei dieser Verteilung der Funktionen ist der Gelehrte ein delegierter Intellekt. Im richtigen Staat ist er ein Mensch mit eigenen Gedanken.«*
Emerson

1

Die Wissenschaft - sowohl in Produkt als auch in Methode - ist das Kennzeichen jeder modernen Universität in Ost und West. Ihr Geist regiert gleichermaßen die Universität in Moskau, die Tsinghua-Universität in Peking und die Harvard-Universität; diese letztere wurde 1636 als eine Zitadelle der Religion gegründet. Theologie spielt dort heute eine sehr viel unwichtigere Rolle als die wissenschaftliche Forschung. Die bekanntesten Einrichtungen in den USA, wie die technologischen Institute von Kalifornien und Massachusetts, sind auf wissenschaftliche Forschung spezialisiert. Sie machen natürlich wertvolle Beiträge auf vielen Gebieten, aber es ist die Wissenschaft selbst, die ihren Geist entscheidend prägt. Der wissenschaftliche Ausblick strebt zur Quantifizierung. Er tendiert dahin, die Sozial- und sogar die Humanwissenschaften zu lenken. Der Geist des Humanismus, wie er in den kühnen Schöpfungen der Renaissance zum Durchbruch kam oder während der vitalsten Perioden griechischen Denkens, hat im Lehrplan der heutigen Universität wenig Raum.

Wo liegen die Ursachen für diese Entwicklung? Es hat den Anschein, als bestünde die Hauptaufgabe der Universitäten seit dem Mittelalter darin, die Tradition zu wahren. In dem Maße, in dem wissenschaftlicher Fortschritt schneller vorangeht, wird Spezialisierung eine Notwendigkeit. Es ist das Ziel des Professors, ein

Experte zu werden, denn das ist der Weg zu Ruhm und akademischem Aufstieg. Ein Leonardo oder Sir Francis Bacon wäre fehl am Platze in einer modernen Universität. Solche Breite der Interessen und solche Universalität der Konzepte würde bei den heutigen Professoren auf Mißtrauen stoßen. *Die Universität der Gegenwart will Korrektheit, nicht Abenteuerlichkeit der Gedanken; sie ist dem Genie feindlich. Ihre Perspektive ist mehr vom Detail als vom Prinzip bestimmt, mehr von minuziöser Analyse als von kühner Intuition.*

Die Universität hat oft zum kulturellen Rückstand beigetragen. Das betrifft zum Beispiel die Sorbonne zur Zeit des Erasmus, Oxford und Cambridge zur Zeit von Locke, Harvard zur Zeit von Thoreau und Emerson, sowie Berlin, Bonn, Göttingen und andere deutsche Universitäten während der Nazizeit. Gewiß konnten sogar auch zu diesen Zeiten Stimmen der Opposition gehört werden, wie die der Geschwister Scholl, die in München der Hitlertyrannei Widerstand leisteten. Sie vollbrachten eine Tat, die heldenhaften Mut voraussetzte und die sie mit ihrem Leben bezahlten.

Im allgemeinen aber lebt die Universität abseits der Gesellschaftsprobleme ihrer Epoche. Ihr Ziel ist Berühmtheit, nicht Weisheit, Abstand, nicht existentielle oder soziale Teilnahme am gesellschaftlichen und öffentlichen Leben. So können beispielsweise in Nordamerika die Universitäten von Columbia und Chicago inmitten größter wirtschaftlicher Not existieren, ohne aktiv und mit Druck zu versuchen, ihre unmittelbare Umgebung zu restaurieren. Es ist viel einfacher, soziale Probleme zu studieren, als sich tatkräftig an ihrer Beseitigung und einer Erneuerung sozialer Institutionen zu beteiligen.

Wir leben in einer Epoche, in der unpersönliche Organisationen unser Leben beherrschen. Das gilt auch für die Universitäten, besonders in den Vereinigten Staaten, die mehrschichtige Formen der Verwaltung haben, die durch öffentliche Interessen regiert werden und die Vitalität des erzieherischen Prozesses dämpfen. Bürokratie hat die Tendenz, unbeweglich zu sein. Das zeigt sich in den Universitäten und ist unabhängig von dem sozialen System, aus dem sie sich entwickeln.

Unsere Epoche betont absichtlich das Unpersönliche. Der einzelne wird dabei als Werkzeug benutzt. Er wird nach formalen Kriterien bewertet. Universitäten haben die gleiche Entfremdung, die man draußen in der Gesellschaft beobachtet, in ihren eigenen Mauern: sie vernachlässigen den persönlichen Kontakt zwischen Professoren und Studenten. Kenntnis wird auf diese Weise zu einer Industrie - sie ist tatsächlich eine der am schnellsten wachsenden Industrien unserer Zeit.

Wir lassen uns von Größe beeindrucken und messen diese in physikalischen Einheiten. Die Universitäten - in Ost und West - wachsen ständig. Ihre Gebäude und Forschungseinrichtungen sind beeindruckend, aber es kann nicht übersehen werden, daß wirkliche Erkenntnis und Aufklärung am besten in kleinen Zentren gedeihen. Daher waren die athenischen Einrichtungen viel schöpferischer als die Universität von Alexandrien, denn in Athen beruhte der erzieherische Prozeß auf dem persönlichen Kontakt mit großen Lehrern und der daraus folgenden geistigen Anregung. Dies soll kein Angriff sein auf die wachsenden Einschreibungszahlen auf den heutigen Universitäten, sondern eine Mahnung an sie, einen humaneren Geist zu pflegen und ihre Funktionen zu dezentralisieren.

Die antike indische Kultur brachte brahmanische Universitäten in Benares, Nadia und Taksasilia hervor, die einen sehr schöpferischen Geist hatten. Die berühmteste buddhistische Universität war Nalanda, die im Jahre 425 entstand. Verglichen mit den heutigen, hatten diese Universitäten wenige Einrichtungen und Hilfsmittel, aber der Geist war lebendig und die Beziehung zwischen Lehrern und Schülern eng; die Suche nach Kenntnis wurde so zu einer Lebenshaltung. Das Haus der Weisheit in Bagdad, das 830 errichtet wurde, war beides zugleich, Museum und Hochschule; es war vom lebhaften Geist des Islam beherrscht. Es hatte mehr Vitalität und kosmopolitische Perspektiven, als es die meisten modernen Moslemschulen heute haben.

Das Evangelium von der Arbeit beherrscht weitgehend das moderne Leben. Dies geht zum Teil auf calvinistischen Einfluß zurück, der Arbeit zur Tugend erklärt hatte. Der gleiche Geist herrscht an den Universitäten, und so kommt es, daß weder Professoren noch Studenten genug Muße haben, zu meditieren und Einsichten zu gewinnen. Professoren müssen Forschungsarbeiten machen und sind gezwungen, zu publizieren; in der heutigen Zeit müssen sie mehr denn je an zahllosen Sitzungen teilnehmen. Studenten müssen Examina bestehen. Der Bildungsgang wird in fast allen Aspekten zu einem quantitativen Vorgang, bei dem Freude am Wissen hinter funktionaler Zweckmäßigkeit zurücksteht. Emerson machte bereits die Beobachtung, daß »die Dinge im Sattel« sind; und das kann auf die Universität angewandt werden, da sie im allgemeinen echte Selbstprüfung zu vermeiden sucht.

Die Universitäten der Gegenwart entwickeln keine Prinzipien, die einer Vereinheitlichung dienen könnten. So führt dann unsere Kenntnis zu einer Verschwendung von Energie. Wie Newman sagte: »Um den Geist zu veredeln, müssen wir erst einmal hinaufsteigen; wir können echte Erkenntnis nicht in der flachen Ebene gewinnen; wir müssen generalisieren, auf die Methode zurückführen, wir müssen Prinzipien erfassen und unsere Erkenntnisse nach ihnen gruppieren und formen. Es kommt gar nicht darauf an, ob unser Arbeitsfeld weit ist oder begrenzt; in jedem Falle, um es zu beherrschen, müssen wir darüber hinauswachsen.«

2

Ein herausforderndes Symptom unserer Zeit ist die Rebellion der Jugend, besonders an den Universitäten. Diese Rebellion hat keine nationalen Grenzen. Sie reicht von Kalifornien nach Berlin, von Paris nach Lagos, von Tokio nach Warschau. Sie kann unterdrückt werden, aber auf die Dauer wird der entflammte Geist der Jugend stärker sein als die offizielle Ideologie. Damit ist nicht gemeint, daß alle Augenblicksforderungen und Ausschreitungen der Jugend gutgeheißen werden sollten, aber ihr grundsätzliches Anliegen, ihr Endziel, und ihre Stoßkraft können nicht einfach ignoriert werden. Es ist eine Rebellion für das Leben, für eine offenere Gesellschaft in den Universitäten sowie in anderen politischen und sozialen Institutionen der modernen Menschheit.

Die Erwachsenen fühlen sich natürlich bedroht. Das war auch in Athen so, als die Sophisten die Relativität der sittlichen Normen ans Licht brachten und als die Konservativen behaupteten, die Jugend werde durch ihre Erzieher verdorben. So brachte Aristophanes in »Die Wolken« ein allgemein empfundenes Anliegen zum Ausdruck, als er behauptete, die neue Art des Lernens bringe eine Störung überkommener Grundsätze mit sich, und es verkehre die Moral in ihr Gegenteil. Die Sophisten strebten, wie unsere Jugend heute, nach Gültigkeit und Überprüfung der Ideale.

Die studentische Jugend verlangt heute eine größere Übereinstimmung von Ideal und Aktualität, und sie steht dem abstrakten Idealismus skeptisch gegenüber. Sie vertraut weder den Systemen der Linken noch der Rechten. Sie richtet sich nur nach dem wirklich beobachtbaren Verhalten. So kommt es, daß ein Student in England ebensowenig beeindruckt ist wie ein Student in den USA, wenn Eltern von Rassentoleranz sprechen, aber Liebschaften mit Angehörigen anderer Rassen zu unterbinden suchen. Sie werden keine Ehrfurcht haben vor ihrem Professor, der über akademische Freiheit spricht, sich aber dem Diktat der Mitglieder des Schulerhalterausschusses beugt. Die Studenten rebellieren gegen einen Universitätsgeist, den sie als zu eng empfinden. Sie verlangen größere Identifikationsmöglichkeiten und ein relevanteres Lerngebiet. Sie sind überzeugt, daß akademisches Lernen zu viel Theorie beinhaltet. Für sie bedeutet rebellische Aktion zweierlei: Befreiung aus der akademisch gespannten Atmosphäre und eine Möglichkeit, engere Zusammenhänge herzustellen zwischen Bedürfnissen und ihrer Befriedigung auf gesellschaftlicher Ebene.

Studenten wehren sich dagegen, als unreif angesehen zu werden und sich den für sie getroffenen Entscheidungen fügen zu sollen. Sie wollen an der Formung und Neuordnung der Universität teilhaben. Sie wehren sich gegen die vielen entmenschlichenden Aspekte des akademischen Lebens. Sie wissen, daß Prüfungen oft nur äußerlich sind und daß ihre Fortschritte nicht allein in intellektuellen Begriffen gemessen werden können. »Sit-ins« und »Teach-ins« gehören bereits zum akademischen Prozeß. Dadurch sind die Gespräche schon lebhafter geworden, und im herkömmlichen akademischen Ritual zeigt sich die erste Bresche.

Es ist das Hauptanliegen der heutigen Studenten, eine friedliche Welt zu schaffen. Dies steht im Gegensatz zu den zwanziger Jahren, wo besonders in Deutschland und Japan an den Universitäten ein militärischer Geist vorherrschte. Der Verzicht auf Gewalt bedeutet, sich der Entmenschlichung und Ausbeutung entgegenzustellen, überzeugt zu sein, daß Erziehung nicht den Machenschaften eines industriell-militärisch gelenkten Staates zustimmt und daß Krieg keineswegs immer Teil der Menschheitsgeschichte sein muß. Der Ausdruck von Gewaltverzicht mag zu Machtanwendungen führen, aber es sollte uns trotz allem bewußt werden, daß das Grundanliegen der meisten Studenten im Kampf gegen eine militarisierte Welt besteht.

Ein hoffnungsvolles Zeichen bei Studenten vieler Länder ist die Tatsache, daß sie weniger Vorurteile haben als die Erwachsenen und daß sie wachsendes Interesse zeigen an internationalen Organisationen und internationaler Zusammenarbeit. Ihre Toleranz anderen Rassen und Religionen gegenüber ist viel größer als die ihrer Eltern. Sie haben mehr Gefühl für die Unterdrückten. Sogar im Süden der Vereinigten Staaten - einer Zitadelle des Rassenhasses - werden Freundschaften und Verlobungen zwischen Angehörigen unterschiedlicher Rassen immer häufiger.

Studenten sind in jeder Weise weniger asketisch als ihre Eltern. Sie wollen das Leben so weit wie möglich genießen. Sie verhalten sich oft unkonventionell; aber dieser Zug ist immer schon vorhanden gewesen in der Geschichte intellekueller Entwicklung; er konnte ebenso im 19. Jahrhundert beobachtet werden, als die romantische Bewegung gegen Konvention rebellierte.

In Turgenjews »Väter und Söhne« werden wir bereits Zeugen des Generationenproblems. Die Eltern machen sich hergebrachte Werte zu eigen. Der radikale Student, der ein Sprecher seiner Generation ist, stellt alles in Frage, sogar die Forderungen der Liebe. Er schaut auf die Gewißheit und Selbstzufriedenheit der älteren Generation verächtlich herab. Turgenjew versteht es, künstlerisch die Komplexität der Probleme darzustellen und klar zu machen, daß Tugend nicht nur auf seiten der Jugend besteht. Er zeigt, daß jenseits von Rebellion und jenseits aufeinanderprallender Vorstellungen das Verlangen des menschlichen Herzens steht.

Die Studenten unserer Tage wehren sich gegen jede Heuchelei. Sie verlangen Aufrichtigkeit und eine existentielle Bindung an die Wahrheit. Daraus erklärt sich die bleibende Beliebtheit Camus', der die Heuchelei sowohl der Liberalen als auch der Konservativen bloßstellt. Camus' »Der Rebell«, »Der Fremde«, »Die Pest« und »Mythos von Sisyphus« gehören zu den meistgelesenen Büchern unter den Studenten. Eine andere formende Bewegung ging von Hesse aus. Sein »Siddharta« ist für die modernen Studenten eine dauernde Inspiration.

Die Ziele der Studenten mögen oft unbestimmt sein. Ein westlicher Student geht womöglich durch Phasen, in denen er sich dem Existentialismus weiht, dann Zen, dann dem Marxismus, dann Freud, dann Yoga und am Ende einem einfachen Leben in der Natur. Er studiert Ideen nicht allein auf theoretischem Niveau, sondern drückt sie in seinem Äußeren aus, lebt sie und macht sie zum Umgangsstil mit anderen. Kürzlich sprach ich mit einem japanischen Studenten, der von Nationalismus zu Mystizismus, zu Christentum, Maoismus und schließlich einem Evangelium des Hedonismus gelangt war.

Manchmal führen der Einfluß neuer Ideen und das Influßkommen der Normen zu persönlichen Problemen. Die Zahl der Selbstmorde von Studenten an Universitäten in aller Welt nimmt ständig zu. Beratungsdienste an den Universitäten sind erschreckend unzulänglich. Gewiß wurden mehr Psychotherapeuten eingestellt, aber sie sind so überfordert, daß ihre Hilfe oberflächlich bleiben muß. Oft hat der Student das Gefühl, daß niemand ihn versteht und daß niemand ihm helfen kann. Die Eltern sind zu altmodisch, die Professoren zu beschäftigt mit akademischer Routine und zu distanziert aufgrund ihrer eigenen Probleme. Die Mitstudenten haben zu viele eigene Probleme. Geht der Student zum Psychotherapeuten, so findet er oft wohl Experten, nicht aber genügend Tiefe, Mitgefühl und persönliche Beziehung.

In den Vereinigten Staaten sind therapeutische Beratungsdienste verbreiteter als in Europa, aber sie enttäuschen auch. Man verläßt sich zu viel auf quantitative Tests, und zu viele Fälle treffen auf den einzelnen Berater. Professoren wissen, daß Studentenberatung bei der Universitätsleitung keine Anerkennung findet und für die akademische Beförderung nicht als Verdienst mitgerechnet wird. Die persönlichen Probleme ihrer Studenten sind daher für sie nur lästige Störungen.

Studenten suchen mehr innere Werte. Anstelle von Erfolg wollen sie lebendige Beziehungen; anstatt nach Technologie haben sie Verlangen nach der Einfachheit der Natur; anstelle eines vorgegebenen Systems wollen sie ihre eigenen Entdeckungen machen; anstatt Respektabilität wollen sie Selbstverwirklichung; anstelle von Autorität suchen sie Gleichberechtigung; anstatt nach materiellem Reichtum verlangen sie nach tieferen persönlichen Bindungen.

Viele der schöpferischsten Studenten haben die Universitäten verlassen. Ist sie nicht eine Zitadelle der Unveränderlichkeit? Wird sie nicht von Konvention regiert? Ist sie nicht im Grunde genommen ein Bollwerk des Status quo?

Die eigentliche Gefahr ist die, daß die Rebellion zu oberflächlich bleibt. Sie könnte lediglich eine andere Form der Flucht darstellen, wie etwa die Drogenwelle es vermuten lassen würde. Sie könnte lediglich in stümperhaften Ausflügen in verschiedene philosophische Lehren bestehen. Sie könnte lediglich ein kurzlebiger Ausdruck des Unbehagens sein.

3

Universitäten können Zentren echter Größe werden. Das will besagen, daß sie die Inspiration lebendiger Genialität brauchen. Frost leistete einen unvergeßlichen Beitrag, als er in Dartmouth dozierte. Seine Studenten erkannten die Vitalität der Poesie und wurden von ihrem Dichter-Lehrer tief inspiriert. Die kalifornischen Universitäten verpaßten große Gelegenheiten, als sie Richard Neutra und Aldous Huxley keine Lehrstühle anboten. Sie hatten beide keine hohen akademischen Grade, aber das hätte nicht ausschlaggebend sein dürfen. Universitäten haben die Wichtigkeit der Kritik überbetont. Sie sollten stattdessen die Inspirationen eines erstklassigen Geistes anerkennen, der neue Strukturen des Verstehens und Wahrnehmens hervorzubringen vermag.

Gewiß, solche Persönlichkeiten pflegen oft unbequem zu sein. Ihr Verhalten ist vielleicht unkonventionell. Ihre Kritik am bestehenden Universitätsleben mag beißend sein. Sie kommen womöglich schlecht mit den Kollegen aus, deren Besorgnisse sie gern lächerlich machen. Ohne sie erleiden die Universitäten jedoch einen Verlust an intellektuellem Anreiz, an echter Vitalität und an Relevanz für die Gegenwart.

Die konventionelle Universität ist ein Museum. Sie ist isoliert von der schöpferischen Produktion. Sie mißtraut der Gegenwart. Es fehlt ihr an Leidenschaft und Schaffensdrang. Sie befaßt sich stattdessen mit relativ trivialen Auseinandersetzungen.

Die neue Universität dagegen repräsentiert die *Renaissance des menschlichen Geistes.* Sie sucht eine Dozentschaft mit sozialen Interessen. Sie versucht, die gegensätzlichsten und schöpferischsten Persönlichkeiten aus der nächsten und fernsten Umgebung anzuziehen. Sie legt keine Überbetonung auf meßbare akademische Leistung. Sie ahmt Athen nach, nicht Alexandrien. Sie ist der Ansicht, daß Gelehrtheit nicht nur aus Analysieren besteht, sondern auch darin, neue Strukturen der Werterneuerung zu schaffen.

Würde dies eine Herabsetzung des akademischen Niveaus bedeuten? Würde es eine Mißachtung des Theoretischen sein? Im Gegenteil, ein echt akademischer Lebensstil ist eine der größten Errungenschaften der Zivilisation. Nur darf der Gelehrte nicht in zu enger Weise definiert werden. Ein wirklicher Gelehrter ist nicht nur ein Hort vieler Fakten. Er ist aktiv damit beschäftigt, größere Lebensinhalte zu schaffen und die Zukunft mitzugestalten. Sein Vorbild ist Sokrates und nicht ein minderer Kommentator der hellenistischen Zivilisation.

Eine neue Universität wird eine offene Universität sein. Die englische »Open University« ist ein Schritt in die richtige Richtung, besonders, was ihre Anwendung von Radio und Fernsehen betrifft. Die verfestigte Struktur der Universitäten muß überwunden werden. Das bedeutet, daß man mittelalterliche Gepflogenheiten aufgeben muß, die zu sehr auf Klassifikation und enzyklopädischer Tätigkeit bestanden. Gerade so, wie Tugend nicht in formalen Begriffen definiert werden kann, so können auch akademischer Fortschritt und geistiges Wachstum nicht entsprechend gemessen werden. Die Studenten sollen Erlaubnis bekommen, unabhängiger zu arbeiten; es muß mehr Wert gelegt werden auf originelle Arbeiten auf den Gebieten der Kunst und der Wissenschaft. Anstelle von Dissertationen können talentierte Studenten Novellen schreiben, Bilder malen, Bildhauerwerke schaffen, komponieren oder Gedichte verfassen.

Es ist fraglich, ob ein Student eine bessere Ausbildung erhält, wenn er die Bedingungen erfüllt und zu Vorlesungen und Seminaren geht, die ihn langweilen, oder wenn er seinen eigenen Interessen folgt, wirklich die Quellen der Bibliothek ausschöpft und die verschiedenen kulturellen Möglichkeiten nutzt, die an der Universität geboten werden. Montaigne erwarb in seiner Bibliothek mehr Bildung als die meisten Studenten der Gegenwart, von denen wenige mit Tiefe zu lesen verstehen.

Wir sollten die Individualität der Studenten höher bewerten. Ihre Interessen und Bedürfnisse sollten die Basis der Curriculumbildung darstellen.

Das Verlangen der Studenten, soziale Dienste zu leisten, sollte von den Universitäten noch verstärkt werden. Nur so können sie einen echten Beitrag zur Zukunft leisten. Dienst an anderen ist bedeutsamer als rein intellektuelle Arbeit. Das Ziel der Universität ist nicht lediglich das Akkumulieren von Wissen. Diese Aufgabe ist im gesamten Überlebenskampf der Menschheit eher von geringfügiger Bedeutung. Aber zur Weisheit zu gelangen, das sollte die Universität sich zum Ziel setzen. Bisher wird dieses Ideal nur theoretisch vertreten; es kann sich nicht verwirklichen, solange die Struktur und die Anliegen des konventionellen Universitätslebens Konformität und Abstraktion verlangen.

Die herkömmliche Universität unterbewertet durch ihre praktischen Anliegen die Kraft der Vorstellung, der Phantasie, die den Kern aller schöpferischen Produktion darstellt. Vorstellungskraft kann nur da kultiviert werden, wo genügend Muße ist und wo sowohl intellektuelle als auch ästhetische Anreize in Fülle geboten werden. Man vergleiche nur einmal die Philosophievorlesungen an einer heutigen Universität mit den Dialogen griechischer Denker. Die ersteren sind steife Angelegenheiten, strikt systematisch, dem pulsierenden Leben aufgestülpt, während letztere spontane Schöpfungen waren, die dauernden Austausch von Meinungen und Ideen ermöglichten. Die griechischen Denker wurden durch die Augenblickssituation und ihre Konkretheit angeregt. Sie hatten keinen Stundenplan. Für sie war das Geistesleben eine Freude und ein Schauspiel, nicht eine Übung in Wiederholung und Langeweile. Ihre Vorstellungskraft war nicht durch eine Überdosis von Sachverständnis verdorben. Ohne phantasievolle Kühnheit, wie sich am deutlichsten in den Humanwissenschaften manifestiert, wird die Universität nicht Quelle echter kultureller Größe sein können. Sie muß Vernunft und Intuition vereinen auf der Suche nach permanenter Erkenntnis.

Wordsworth hat die Rolle der Phantasie so beschrieben:
»Phantasie, die, in Wahrheit,
nur ein anderer Name ist für absolute Macht
und klarste Einsicht, Fülle des Geistes,
und Vernunft in ihrer gehobensten Stimmung.«

*Weisheit ist Intuition, erleuchtet von moralischer Passion.* Sie besteht im Verlangen, Ideale in gemeinsamer Berührung zur Verwirklichung zu bringen. Weisheit ist der Wunsch nach einer umfassenden Perspektive, durch die echte Humanität entdeckt werden kann.

Die Kultivierung echter Weisheit durch die Universitäten verlangt eine erweiterte Perspektive, eine Neuformulierung ihrer Funktionen, eine bedeutend tiefere Bescheidenheit, eine größere Anteilnahme an den gesellschaftlichen Notständen und - mehr als alles andere - Bereitschaft zum kreativen Handeln.

# X

# Anders erleben

*Fortgeschrittene Ansichten haben
fortgeschrittene Pflichten zur Folge.*
George Bernard Shaw

1

Kreativität verlangt eine Situationsanalyse. So wie ein Industrieunternehmen jedes Jahr eine Bilanz aufstellt, so soll der einzelne handeln. Dieser Schritt führt zu einer besseren Übersicht über seine Errungenschaften und Erfolge, aber auch über seine Rückstände und negativen Erfahrungen. Natürlich sind für einen Betrieb materielle Sachlagen besonders wichtig, während für den einzelnen persönliche Faktoren und Erlebnisse ausschlaggebend sind.

Eine kreative Bilanz bedeutet, daß wir aufrichtiger sind und daß wir unsere Fehler korrigieren können. Es ist wichtig, daß wir diesen Schritt nicht aufschieben, denn morgen kann es zu spät sein, und wir können dann keine Möglichkeit mehr haben, unsere Versäumnisse nachzuholen.

Wir sollen uns mehr Gedanken über unsere Ziele machen und auch, wie wir sie realisieren können. Diese Ziele wechseln dauernd. Ein Junge, darauf befragt, wird vielleicht sagen, er möchte Feuerwehrmann werden, später Fußballspieler, dann vielleicht Millionär und in späteren Jahren Pensionist.

Die Zukunft sieht meistens so vielversprechend aus, aber die Wirklichkeit ist anders. Wir fragen zu wenig: »Was bringt uns echte Freude? Was intensiviert unser Gemeinschaftsgefühl? Was führt zu 'Gipfelerfahrungen'?« Stattdessen bleiben wir an der Oberfläche und werden von den Idolen unserer Umwelt beherrscht.

Es ist eine wunderbare Sache, wenn wir starke Interessen entwickeln und wenn wir uns früh definieren. Wenn wir unseren Beruf lieben und dadurch erfüllt sind, haben wir einen großen Vorteil gegenüber unseren Mitbürgern, die das Leben passiv erdulden und auf ein großes Wunder warten, das sie von der Trivialität des Alltagsleben befreit - ein Wunder, das jedoch selten kommt.

Die Herausforderung ist, *aktiv* zu werden - aktiv in unserer Arbeit, aktiv gegenüber unseren Nachbarn, aktiv in unserer Freizeit, aktiv in unserer ganzen Lebensgestaltung.

Der schöpferische Mensch ist niemals ein passiver Zuschauer. Er wartet nicht auf eine ideale Zeit. Er reagiert nicht in einer indifferenten Weise. Stattdessen versucht er dauernd, seine Welt und seine Umgebung dynamisch zu gestalten. Kreativität ist unmöglich ohne Vertiefung unserer Wahrnehmungsfähigkeiten. Es gibt zwei Formen der Blindheit: die eine ist körperlich und eine Tragödie, die andere kann noch destruktiver sein, denn sie ist eine existentielle Blindheit. Dieser Zustand bedeutet Isolierung - ein Leben an der Oberfläche, ein dauernder Zustand der Abgestumpftheit.

Machen wir einen Test: Fragen wir nach einem Theaterstück einen Bekannten, was er gelernt hat, und so oft wird die Antwort unbefriedigend sein - noch mehr nach einem Monat oder einem Jahr. Fragen wir ihn, was er im letzten Jahr gelesen hat, und seine Antwort wird meistens zögernd und oberflächlich sein.

Wir haben nicht gelernt, zuzuhören, den anderen zu verstehen, Sympathie und Mitgefühl zu entwickeln. Wir haben viel Information, aber keine echte Kommunikation. Wir sind wie Schauspieler in einem absurden Bühnenstück, wo jeder an dem anderen vorbeiredet. Fangen wir an, tiefer zu sehen, zu analysieren, zu horchen und einen gewissen Abstand zu kultivieren. Fangen wir an, weniger vom Erfolg berauscht zu sein und mehr an unserer persönlichen Entwicklung zu arbeiten, so daß unsere Existenz nicht eine nutzlose Pilgerfahrt darstellt.

2

Ich habe einmal in einem Seminar Studenten gefragt, was sie tun würden, wenn sie erführen, daß sie nur noch einen Tag zu leben hätten. Die Antworten waren interessant. Einer sagte, daß er sich betrinken würde. Ein zweiter, daß er Drogen nehmen würde, ein dritter wollte sexuelle Abenteuer, ein vierter wollte sofort Selbstmord begehen, ein fünfter wollte gute Musik hören, ein sechster wollte eine Kurzgeschichte schreiben, ein siebenter wollte einen Priester konsultieren, ein achter sein Testament umarbeiten, ein neunter Zen-Meditationen machen, ein zehnter ein effektives Schlafmittel nehmen, ein elfter wollte den Tag mit jemandem verbringen, den er wirklich liebte.

Doch überlegen wir: Ist nicht jeder Tag unwiederholbar, und warum leben wir so unbewußt? Warum haben wir die Illusion, daß wir so viel Zeit haben, wenn alles so begrenzt ist?

Man könnte einwenden, daß eine solche Perspektive zum Pessimismus führt. In dieser Sicht scheinen viele unserer Errungenschaften als trivial, viele unserer Erfolge als oberflächlich.

Doch durch eine tiefere Analyse können wir uns mehr auf wichtige Dinge konzentrieren, die uns mit unserem Nachbarn vereinigen und die ein Gefühl der Solidarität erzeugen. Dann fühlen wir, daß wir nicht allein sind, daß wir ein Teil einer größeren Gemeinschaft sind, einer Gemeinschaft der Suchenden, die die schöpferische Herausforderung ernst nimmt.

Wie Maria Louise Rosenberg schreibt:
»Was rufst du so, was tut Dir not?
Hast Du nicht Bett, hast Du nicht Brot
mit Aug und Ohr hierher gestellt,
was willst Du noch von dieser Welt?
Was hör ich Dich schon wieder schrei'n:
Der Mensch lebt nicht vom Brot allein,
er sucht des Geistes hellen Strahl,
Erkenntnis - Liebe - Ideal!
So strebe nur in stetem Drang,
und sehne Dir die Seele krank.
Zuallererst wird Dir dann klar,
daß dieses schon das Leben war.«

3

Eine konstruktive Lebensphilosophie ist Fundament für alles. Das heißt nicht nur ein Wissen über die Geschichte der Philosophie, über das Leben der großen Denker und ihre Beiträge zur Weltzivilisation. Viel mehr wird verlangt. Wir müssen uns in ihre Ideen vertiefen; sie müssen direkt zu uns sprechen, so daß wir einen dauernden Dialog mit ihnen führen.

Das bedeutet nicht, daß wir unkritisch gegenüber den großen Denkern sein sollen. Statisches Imitieren führt zu einer unkreativen Lebensweise. Dauernd müssen wir Fragen stellen wie die folgenden: Wie können wir durch diese Studien unsere eigenen Einsichten und Haltungen verbessern? Wie können wir dadurch die Krisen des Lebens besser meistern? Wie können wir Ideale durch freiwilligen Verzicht verifizieren?

Besonders Epiktet (50-130 n.Chr.) kann uns konstruktiv anregen. Er wurde als Sklave geboren, später freigelassen. Er war an einem Bein gelähmt und doch Symbol der Freude. Sein Leben war gekennzeichnet durch Einfachheit. Er lehrte uns unter anderem: »Begnüge dich mit dem, was geschieht, und dein Leben wird glücklich sein ... Manches steht in unserer Macht, manches nicht. In unserer Macht steht das Denken, das Verlangen und das Meiden - dies sind also alle Dinge in uns. Nicht in unsere Macht gegeben sind Besitz, Ansehen und Würde - also alle außer uns ... Sage nie, ich habe etwas verloren, sondern, ich habe es zurückgegeben. Ein Kind ist dir gestorben: du hast es zurückgegeben. Deine Frau ist dir gestorben; du hast sie zurückgegeben... Verhalte Dich im Leben wie bei einem Gastmahl. Eine Speise wird herumgereicht und gelangt zu dir: du hältst sie und nimmst Abstand... Merke dir: Du hast eine Rolle zu spielen in einem Schauspiel, das der Dichter bestimmt... Deine Aufgabe ist es nur, die zugeteilte Rolle gut zu spielen. Sie auszuwählen liegt in der Hand eines anderen... Bedenke bei allem erst die Bedingungen und Folgen, dann erst unternimm!... Niemand kann dir schaden, wenn du selbst es nicht willst... Alles hat zwei Handhaben, an der einen ist es tragbar, an der anderen nicht... Bezeichne dich nicht als Philosoph, sprich nicht viel von Lehren, sondern handle danach... Wohin ich auch gehe, da ist die Sonne, da ist der Mond, da sind die Sterne, die Träume. Du hast die Lehre gehört, die dir als recht erscheinen soll und hast ihr zugestimmt. Worauf willst du noch warten, daß es dich bessere? Du bist kein Knabe mehr, sondern ein reifer Mann! Bleibst du beim Leichtsinn und faßt nur gute Vorsätze, für morgen oder übermorgen, so wirst du, ohne es zu merken, niemals vorwärtskommen. Du bleibst blind und ungebildet, bis du stirbst.«

Der Einwand kann sein, daß wir nicht so leben und eine so einfache Existenz führen können. Epiktet hatte keine Verpflichtung gegenüber der Gesellschaft. In der Tat, würde unsere Wirtschaft nicht zusammenbrechen, wenn viele Menschen die stoische Philosophie als Lebensstil annehmen würden?

Die Antwort ist klar: Es besteht keine Gefahr, daß viele ein einfaches und bescheidenes Leben führen werden, daß sie sich nicht den Versuchungen des Materialismus unterwerfen werden. Ganz im Gegenteil: Die Gefahr besteht, daß wir immer mehr wollen, immer mehr erwarten, immer mehr vom Gigantismus beherrscht werden, daß wir wie verwöhnte Kinder agieren werden - besessen von Habsucht.

Epiktet kann uns lehren, wie wenig wir wirklich brauchen und wie wichtig es ist, bleibende Schwerpunkte zu finden, die in unserer Macht stehen und die uns echte Freude bringen.

Doch wir dürfen die Ideen von Epiktet nicht überbewerten. Die Gesellschaft hatte nur eine geringe Bedeutung für ihn; er glaubte nicht, daß eine Reform der sozialen und politischen Institutionen möglich war. Er war nicht beeindruckt von wissenschaftlichen Theorien; wie viele Denker seiner Zeit glaubte er, daß die Erde Zentrum des Universums ist.

Die Stimmung von Epiktet ist von einer Haltung des Erduldens geprägt. Führt das nicht zu einer apathischen Lebensgestaltung, daß man zuviel akzeptiert, daß eine gewisse Resignation im Zentrum steht und daß nicht genug versucht wird, eine kreative Umgestaltung zu erreichen?

In dieser Hinsicht hatte G.B. Shaw eine bessere Lebensphilosophie. Er wurde einmal gefragt, was sich alles in seinem Leben ereignet hatte. Seine Antwort war eindeutig: »Ich bin das Ereignis!«

4

Einige praktischen Vorschläge für eine bessere Lebensphilosophie: Versuchen wir, eine Leidenschaft für das Lernen zu entwickeln - vielleicht ist das das beste Mittel gegen Neurosen.

Versuchen wir, einen besseren Stil zu erreichen in unserem Denken, in unserem Schreiben, in unserer ganzen Ausdrucksweise. Ist nicht Stil viel mehr als eine abstrakte Form, sondern ein Zeichen für unser ganzes Wesen?

Unsere Gedanken sind Raketen. Versuchen wir, sie festzuhalten in einem Tagebuch. Wir brauchen nicht immer darin zu schreiben. Wochen können vergehen ohne Notizen. Ein kurzer Satz kann mehr als viele Seiten bedeuten. Wenn wir später das Tagebuch lesen, können wir sehen, wie wir uns entwickelt und wie unsere Ziele sich geändert haben.

Versuchen wir, konstruktive Vorbilder zu haben. Man kann einwenden, daß in der Umgebung keine schöpferischen Menschen vorhanden sind. Heißt das nicht, daß wir zu wenig die Möglichkeiten unserer Nachbarn erkannt und daß wir zu sehr für uns selbst gelebt haben?

Versuchen wir, Freunde zu sein, nicht, um anderen zu imponieren oder nur, um populär zu werden, sondern weil wir dadurch ein Gefühl der Geborgenheit erreichen und auch unser Leben in jeder Hinsicht erweitern.

Versuchen wir, das Positive in dem anderen zu sehen, ob im Beruf oder in der Familie. Das ist schwierig, denn so oft erleben wir Frustation und Enttäuschung, und das führt zu einer argwöhnischen Haltung. Das positive Denken ist durch die positive Tat verifiziert. Es ist interessant, daß dadurch dauernd neue Möglichkeiten der Zusammenarbeit und Kompromisse in Konfliktsituationen entstehen.

Sparen wir nicht mit der Anerkennung. Wir alle brauchen sie - ob jung oder alt, gebildet oder ungebildet, reich oder arm, besonders, wenn wir wenig Erfolg haben.

Bedenken wir, wieviel Zeit wir mit Intrigen vergeuden, die auf uns selbst zurückkommen und uns in jeder Hinsicht begrenzen. Hat nicht schon Thoreau geschrieben, daß wir alle nach einer anderen Melodie marschieren? Ist das nicht eine Einladung zur Großzügigkeit?

Theoretisieren über Kreativität kann eine Zeitvergeudung sein. Selbst schöpferisch zu sein - das ist die Herausforderung und das bedeutet Improvisieren.

Laotse schrieb:
»Das Modell für den Menschen ist die Erde,
Das Modell für die Erde ist der Himmel,
Das Modell für den Himmel ist Tao (der Weg)
Das Modell für den Weg ist das Spontane.«

5

Kreativität ist viel mehr als eine Technik, viel mehr als eine Methode, um eine Organisation besser zu gestalten. Kreativität ist eine Provokation für den einzelnen und die Gesellschaft, die Lebensstrategie zu überdenken, bevor es zu spät ist.

Wir haben die Wahl, so weiterzumachen wie bisher in der Geschichte. Das Resultat kann so tragisch sein wie in der Vergangenheit - ein Zustand der Verzweiflung und der Vergeudung. Oder wir können wirklich innovativ werden in unserer eigenen Lebensgestaltung und in der Gesellschaft. Wir können Katalysatoren für den moralischen Fortschritt werden - ein Fortschritt, der unser Überleben möglich macht und der zu einer besseren Zukunft führt.

Können wir die Beschränkungen, die sozial bedingt sind und die wir uns auflegen, in einer solchen Weise überwinden, daß jede Form der Isolation unmöglich wird? Können wir in jeder Hinsicht großzügiger werden? Können wir eine Weltoffenheit demonstrieren, die alles verändert und die immer wieder neue Möglichkeiten aufzeichnet?

Wie wichtig ist der Rat von Bahá'u'lláh »Laßt euren Blick weltumfassend sein, anstatt ihn auf euer Selbst zu beschränken.«

# XI

# Umdenken für eine bessere Welt

*»Die Erde, die Menschheit, die Religion, alle diese drei Entitäten waren ihrem Wesen nach schon immer eine Einheit. Der Mensch hat sie aber nicht als solche gesehen, seine Sicht auf deren inneres Gleichgewicht war vernebelt. Aufgrund des begrenzten Wirkungsradius des Menschen war er auf diese Einsicht jedoch bis vor relativ kurzer Zeit noch nicht existentiell angewiesen. Er konnte damit leben, die Erde in Länder, die Menschheit in Völker und die Religion in Religionen aufzuspalten. Diese Sichtweise erweist sich nun jedoch in atemberaubender Geschwindigkeit als Existenzbedrohung für Erde, Menschheit und Ethik.«*
Huschmand Sabet

1

Die Atmosphäre der Gewalt hat sich in einer unglaublichen Weise verbreitet. Als ich in den USA zur High-School ging, wurden Streitigkeiten mit den Fäusten ausgetragen. Heute werden oft Pistolen benützt. Wenn der Schwächere geschlagen wird und auf dem Boden liegt, kann es vorkommen, daß er von seinem Peiniger ins Gesicht getreten wird.

Während meiner High-School-Zeit in Los Angeles gab es vielleicht 1.000 Jugendliche, die in Banden organisiert waren; heute gibt es mindestens 100.000. Die Brutalität der Bandenkriege nimmt dauernd zu. Für viele ist die jugendliche Bandentätigkeit Vorstufe zur Arbeit für die Mafia - für Arbeitslose bedeutet das eine sichere Versorgung und meistens Schutz vor der Polizei.

Die Verbrecher werden immer jünger. Drogensucht beginnt oft in der Grundschule. Nicht wenige Schülerinnen finanzieren ihre Drogenabhängigkeit durch Prostitution.

Erpressung in den Schulen ist in vielen Nationen zu einem gigantischen Geschäft geworden. Wenn man zahlt, hat man einen gewissen Schutz. Wenn man nicht zahlt, kann es vorkommen, daß man so brutal geschlagen wird, daß man im Krankenhaus landet. Die Angst vor den Tätern ist so groß, daß meistens keine Namen genannt werden.

Wir dürfen nicht vergessen, daß durch Fernsehen, Filme, Video und Computerspiele eine Atmosphäre der Unmenschlichkeit verbreitet wird, die immer mehr Gruppen erfaßt. Rohheit wird zur Lebensweise.

Ein Mord aus Leidenschaft wird meistens schnell geklärt werden; dagegen wird ein Mord, der professionell verübt wird, fast nie vor Gericht kommen.

Kriminalität hat heute eine globale Dimension angenommen. In der Zeit nach Gorbatschow z.B. gab es viele Tausende Bandenmitglieder in Moskau, deren Brutalität und Sadismus noch größer waren als die ihrer amerikanischen Kollegen. Ausländische Firmen mußten Schutzgelder zahlen, wenn sie im Geschäft bleiben wollen. Wenn ihre Vertreter nicht zahlten, dann war ihr Leben in Gefahr.

In den USA gibt es über 210 Millionen Schußwaffen. Wenn versucht wird, den Gebrauch und die Verbreitung dieser Wafffen einzudämmen, dann wird das von vielen US-Bürgern als subversiv betrachtet.

Viele Amerikaner glauben, daß die Regierung nicht ihre Interessen vertritt. Muß man sich nicht gegen die Regierung stellen und sich für einen Endkampf vorbereiten, um die Freiheit zu verteidigen? Freiheit bedeutet für diese Bürger, viel weniger Steuern zahlen zu müssen und viel weniger Kontrolle seitens der Regierung zu erleben.

Nicht wenige US-Bürger glauben, daß die UNO die USA dominieren will. Das ist natürlich eine absurde Idee, doch in äußerst regressiven US-Kreisen sehr verbreitet.

Der Wilde Westen wird verherrlicht in unzähligen US-Filmen. War das nicht eine Phase der US-Geschichte, wo der Kriminelle ohne Gerichtsverfahren seine gerechte Strafe bekam? War das Leben damals nicht einfacher und der Kampf der Guten gegen die Bösen viel erfolgreicher?

In Wirklichkeit war der Wilde Westen durch unbeschränkte Bandentätigkeiten gekennzeichnet, und es gab oft keinen Unterschied zwischen dem Sheriff und dem Verbrecher. Die Ausrottung von hunderttausenden Indianern, die oft skalpiert oder lebendig verbrannt wurden, symbolisierte ein Verhalten, das den objektiven Beobachter nur schockieren und erschüttern kann.

2

Die Vietnam-Intervention der USA verursachte mehrere Millionen Opfer in Vietnam; 56.000 US-Soldaten starben. Durch Agent Orange wurde Vietnam so verwüstet, daß der Wiederaufbau des Landes äußerst schwierig wurde. Wir finden auch heute noch Mißbildung von vielen Kindern und Erwachsenen in Vietnam. Agent Orange verursachte auch viele Krankheiten unter den US-Soldaten, die in Vietnam kämpften. Nicht wenige erlitten ein Krebsleiden und starben unter den schlimmsten Qualen. Selbst verantwortliche US-Politiker wie Robert McNamara sehen heute ein, daß die US-Intervention einen brutalen Fehlschlag und eine Vergeudung darstellte.

Bedeutet nicht jeder Krieg eine Verschwörung gegen die Menschheit? Muß nicht Gewaltlosigkeit im Zentrum aller Bemühungen stehen?

Vergessen wir nicht, Gewalt ist wie eine ansteckende Krankheit, die sich wie eine Pest auswirken kann - eine Pest, die immer mehr Opfer fordert.

Können wir lernen, Haß zu vermeiden in unseren Gedanken, in unseren Gefühlen und in unserem Handeln? Das ist kein Idealismus, sondern Fundament für die Existenz der Menschheit auf einer höheren Stufe der Entwicklung.

In dieser Sicht ist die Aussage von Mahatma Gandhi besonders relevant: »Ein Geist, der von der Wahrheit erfüllt ist, muß sein Handeln auf das Endziel richten.« Das Endziel kann nur eine Welt sein, die keine Unterdrückung kennt, in der das Edle in den Menschen erkannt und angewendet wird.

Das ist der Bahá'í-Weg, dessen Wirken immer mehr Menschen erfaßt. Es ist ein Weg, der eine Neuorientierung schafft - eine Neuorientierung, die für alle Nationen gültig ist, durch die Friedensbereitschaft überall eine Realität werden kann.

3

Ein Bekannter von mir, der in Vietnam für die Amerikaner gekämpft hat, erzählte, wie er ein Bahá'í wurde: »Ich bin in einer Offiziersfamilie groß geworden; schon mein Großvater war ein professioneller Soldat und hat den Rang eines Oberst gehabt. Mein Vater war Kapitän in einer Eliteeinheit und hat immer betont, daß Patriotismus das Wichtigste sei. Ich habe mich freiwillig für den Einsatz in Vietnam gemeldet; denn ich wollte eine professionelle Armeekarriere einschlagen. Wir waren eine Gruppe von fünf Soldaten, die alles gemeinsam gemacht haben und die dachten, daß sie für eine große Sache kämpften. Eines Tages kam der Befehl, ein gegnerisches Dorf einzunehmen. Am Rande des Dorfes war ein Haus, das wir gestürmt haben. Uns wurde gesagt, daß feindliche Soldaten dort wären, stattdessen waren es nur Frauen und Kinder. Keiner von ihnen hat überlebt; nur zerfetzte Leiber blieben übrig.

Ein kleines Mädchen, das in einer Blutlache lag und dessen Gesicht total entstellt war, bleibt immer in meiner Erinnerung. Sie hat eine kleine Stoffpuppe in ihren Armen gehabt. Wahrscheinlich hat sie die Puppe überall mit sich gehabt und hat sie gehegt und gepflegt. Es war keine große Puppe, wie man es oft bei amerikanischen Kindern sieht, sondern eine armselige Puppe - typisch für die kleine Vietnamesin und ihr geschundenes Land.

Ich fühle mich persönlich für den Tod verantwortlich. War ich nicht ein gemeiner Verbrecher?

Ich bin zu einem Priester gegangen und habe mit ihm über meine Gefühle gesprochen. Er hat erklärt, daß Krieg immer Opfer forderte, doch das sollte nicht überbewertet werden, denn wichtig sei nicht unsere Existenz hier, die immer begrenzt und von Leiden geprägt sein würde, sondern das Leben im Jenseits. Er fragte mich, ob ich auch regelmäßig zur Messe gehe und ob ich moralisch ein einwandfreies Leben führe.

Ich betonte, daß ich Zweifel über alles hatte - über den Krieg, über die Kirche, über die USA, über meine Taten und über meine Wertvorstellungen. Er erklärte, das sei ein Zeichen der Unreife und daß ich lernen müsse, Autorität zu akzeptieren.

Ich sagte ihm, daß ich meine Taten nicht entschuldigen könne, daß ich das tote Kind immer vor mir sähe. Er erwiderte, daß wir alle Sünder seien und daß ich mehr beten solle; wichtig sei nur mein Seelenheil.

Nach dem Gespräch habe ich mich noch schlechter gefühlt als vorher. Ich habe viele Beruhigungspillen genommen, aber auch das half nicht, mein Schuldgefühl zu verringern.

Meine Kameraden fühlten sich nicht schuldig; abends haben sie sich betrunken. Unser Leutnant erklärte, daß Krieg keine Sensibilität erlaube und daß man keine Rücksicht auf Feinde nehmen könne - auch nicht auf Frauen und Kinder.

Ich wurde so depressiv, daß ich in ein Spital eingeliefert wurde. Es dauerte viele Monate, bis sich mein Zustand verbesserte. Im Spital war einer der Ärzte ein Anhänger der Bahá'í-Religion. Er ermutigte mich, mich mit den Auffassungen dieser wichtigen Gemeinschaft zu befassen. Ich war besonders von Bahá'u'lláh beeindruckt.

Ich habe den Armeedienst verlassen und wurde Mitglied der Bahá'í-Gemeinde. Mein Vater wollte, daß ich in der Armee bleibe, doch er konnte mich nicht überreden. Das Resultat war, daß er mich enterbt hat. Für meine religiösen Ansichten zeigte er nur Verachtung, für ihn gab es nur einen wahren Glauben, der von Chauvinismus und Dogmatismus geprägt war. Ich habe eine Frau geheiratet, die meinen religiösen Glauben teilte. Wir haben ein vietnamesisches Waisenkind adoptiert. Meine Frau und ich arbeiten an einem Spital, wo wir krebskranke Patienten betreuen.

In unserem Haus versammeln sich Mitglieder der verschiedensten Rassen, Religionen und Nationalitäten. Wir kennen keine Voreingenommenheiten. Müsssen wir nicht alle umdenken, ob in der Religion oder in der Gesellschaft, so daß echte Einheit verwirklicht werden kann?«

Abdu'l-Bahá hat betont: »Jeder Mensch kann an jedem beliebigen Ort des Erdballs leben. Darum ist die ganze Welt des Menschen Vaterland.«

Mit dieser Ansicht können fundamentale Veränderungen erreicht werden - Veränderungen, die eine Renaissance der Menschheit möglich machen.

# XII

# Dynamische Erziehung: Der neue Weg

»*Wenn lang gehegte Ideale, wenn altehrwürdige Institutionen, wenn gesellschaftliche Postulate und religiöse Glaubensbekennntnisse das Wohl der Gesamtheit aller Menschen nicht mehr fördern, wenn sie den Bedürfnissen einer sich ständig enwickelnden Menschheit nicht länger gerecht werden, dann fegt sie hinweg und verbannt sie in die Rumpelkammer überholter, vergessener Doktrinen! Warum sollten sie in einer Welt, die dem unabänderlichen Gesetz des Wandels und des Verfalls unterliegt, von der Entartung verschont bleiben, die alle menschlichen Einrichtungen zwangsläufig ereilt Rechtsnormen, politische und wirtschaftliche Theorien sind nur dazu da, für die unversehrte Aufrechterhaltung eines bestimmten Gesetzes oder Lehrsatzes gekreuzigt zu werden.*«
Shoghi Effendi

1

Die bedeutendste Pionierarbeit geht nicht im Weltraum vor sich und auch nicht einmal in den Laboratorien der Wissenschaft. Sie geschieht in der Welt der Erziehung, wo wahre Wüsten fruchtbar gemacht werden müssen. Da Hunderte von Millionen noch Analphabeten sind und die meisten Länder in einem Zustand schulischer Unterentwicklung, und da generell ein Zustand kultureller Verarmung vorherrscht, werden Pioniere dringend benötigt.

Die Kreuzzüge der Vergangenheit waren bedauerliche Fehlschläge. Im Mittelalter führten sie zu Massakern, zu Beutezügen, was nur beweist, wie sehr die Teilnehmer Barbaren waren. Wir brauchen heute und für die Zukunft einen Kreuzzug für die Erziehung, und das ist ein schwieriger Auftrag, denn er muß bei uns selbst beginnen, an unserem eigenen Beispiel, und muß unsere eigene Bekehrung zu einem Leben echter Kultur mit sich bringen.

Kürzlich fragte man mich, ob ich bei meinen Reisen ein wahrhaft schöpferisches Erziehungssystem gefunden hätte. Meine Antwort war ein empathisches Nein. Die nationalen Erziehungssysteme, die ich kennengelernt habe, lassen sich in drei Kategorien einteilen: mittelmäßig, schlecht und absurd.

Die bestehenden Systeme sind so eingerichtet, daß sie den kulturellen Rückstand andauern lassen, Erneuerung verhindern und Schüler wie Lehrer und führende Politiker heranbilden, die nicht selbstkritisch sind. Die Schulen betonen Unzulänglichkeiten und machen den Fehlschlag zur Institution. Sie sind die Produkte von unkritischem Denken und unterschätzen die potentiellen schöpferischen Kräfte des Menschen.

Chancengleichheit durch Bildung ist ein leeres Schlagwort unserer Zeit. Und es wird für Jahrhunderte eine bloße Illusion bleiben, falls wir nicht unsere Idee über Erziehung sowie unsere Einstellung grundlegend ändern. Die Erziehungssysteme der größten Nationen, USA, Rußland, China, Japan, Deutschland, England, Frankreich, sind alle Opfer mehr oder weniger großer Unbeweglichkeit. Sie repräsentieren die statischen Voreingenommenheiten der verschiedenen sozialen Systeme. Sie befreien den einzelnen nicht. Sie erfüllen ihn nicht mit einer Passion zum Lernen. Sie explorieren nicht sorgfältig die Grundlagen persönlicher und sozialer Lebenserfüllung. Sie erziehen zu Jasagerei und Anpassung.

In einem historischen Bericht für die Vereinten Nationen bemerkte Lester Pearson: »Ein Planet kann, genau wie ein Land, nicht überleben in einem Zustand, der halb Sklaverei, halb Freiheit ist, halb in Misere getaucht und halb auf die verheißenen unbegrenzten Freuden des Konsums hintaumelnd.« Kein Wunder, daß die Weltmächte so viel für Waffen und so wenig für soziale Zwecke ausgeben.

Wird nicht das Soziale fast überall unterbewertet?

2

Wenn wir heute Sparta betrachten, so sehen wir, warum es sozial so schwach war: es hatte sich isoliert, betätigte sich kriegerisch und mobilisiere den Bürger zu einem kämpferischen Geist. In verfeinerter und intellektuellerer Art ist dies auch der Zustand vieler Erziehungssysteme in unserer Zeit, die ja einen geringen Einfluß haben im Vergleich zu den militärischen Aktionen ihrer jeweiligen Gesellschaft.

Wenn wir das alte Rom mit Athen vergleichen, so können wir das System der römischen Technologie nur bewundern, auch die Fortschritte der Römer in der Schaffung von Wohn- und Lebenskomfort, aber seine Erziehungspflege war nur sekundär. Die formalen Aspekte der Erziehung wurden geschätzt, besonders die der Rhetorik, aber der Lebensstil war mittelmäßig und zeigte zu wenig Verfeinerung als auch Vertiefung. Freiheit war mehr Schlagwort als Wirklichkeit. Plutarch sagte:»Was die Freiheit angeht, so haben wir, was immer die Regierung uns gewährt.« Als das römische Reich zu zerfallen begann, waren Diktatoren an der Regel und damit die Schichtung des gesamten institutionellen Systems. H.G. Wells erklärte, daß in dieser Phase»der Mangel an wissenschaftlicher Bildung bei den römischen Herrschern noch massiver war als der Mangel an künstlerischer Bildung.«

Konventionelle Erziehung hat menschlichen Fortschritt verhindert. Sie hat durch falsche Wertvorstellungen ein Bewertungssystem aufgebaut, das wirkliches Lernen blockiert. Sie hat eine Routine aufrechterhalten, die die Schule zu einem Test der Durchhaltefähigkeit macht. Sie hat Geduld gelehrt anstatt Enthusiasmus. Sie hat den Lehrer zum Diener des Status quo gemacht.

Der konventionellen Curriculumsicht entsprechend wurde angenommen, daß der Schüler durch bloße Konfrontierung mit formalen Wissensfächern gebildet werde. Nichts könnte irrtümlicher sein. Ein Lernender ist dann gebildet und kultiviert, wenn der Funke in ihm entzündet ist und wenn er seine Talente zu aktualisieren versteht. In der konventionellen Schule kommt der Schüler oft dazu, Künste und Wissenschaften zu verachten. Sie werden in so inadäquater Weise gelehrt und dargestellt. In der konventionellen

Schule wird seine Fähigkeit zu sozialem Engagement nicht entfaltet, nicht betont. Und trotzdem, ohne diese Dinge verliert sein ganzes Leben an Bedeutung. Die konventionelle Schule, mit ihrer Rigidität und hierarchischen Ordnung, ist ein regelrechtes Hindernis auf dem Wege zu demokratischer Lebensweise.

Ich nenne mein neues Erziehungssystem »Dynamische Erziehung«. Im Sinne Heraklits ist es ein System, das unendlich offen bleibt zu Anregung und Erleben. Es ist bewußt unstrukturiert. Es bezieht sich auf den gesamten Bereich der Kultur. Es verachtet jede Form der Isolierung - persönlich, sozial, politisch und wirtschaftlich. Der neue Lehrer kommt daher von seinem akademischen Olymp in die Welt herunter, die dringend aufklärender Bildung bedarf.

Ein Hauptziel dynamischer Erziehung ist eine dauernde Wiedergeburt. Dieses Ziel verlangt Offenheit und Enthusiasmus für echt schöpferische Menschen aus allen Bereichen menschlichen Schaffens. Sie müssen großzügig unterstützt werden, sowohl geistig als auch finanziell. Sie brauchen Menschen, die aufgeschlossen und verfeinert genug sind, um kulturelle Werte qualitativ zu schätzen.

Die dramatische Bühne in Athen war nicht nur für Auserwählte. Sie war für alle da, zu genießen und zu kritisieren. Sie wurde nicht als erzieherische Extravaganz gewertet, sondern als eine Lebenssubstanz, die eine gemeinsame Grundlage für Jugend und Alter bildete, für Reiche und Arme. Der Dramatiker wurde in Athen zu einem unvergeßlichen Lehrer. In gleicher Weise begeisterte in der Renaissance der Künstler nicht nur eine kleine Elitetruppe, und er spezialisierte sich auch nicht auf einen eigenen Bereich. Seine Interessen und Tätigkeiten waren universal. Sein Ziel war es, das ganze menschliche Potential zu porträtieren.

Echte Kultur läßt sich nicht von Alltagsdingen trennen. Sie muß spontan sein und alle unsere Unternehmungen durchstrahlen. Wir haben bisher unsere Schüler, unsere Lehrer und unsere Gesellschaft nicht zu ihrer vollen Kapazität erzogen.

3

Das Programm der dynamischen Erziehung läßt sich in folgender Weise zusammenfassen:
● Dynamische Erziehung hat eine institutionelle Seite. Nicht nur die Schulen müssen geändert werden, sondern auch die politischen Parteien und Wirtschaftsunternehmen. Das impliziert die Forderung nach einer institutionellen Therapie. Der Mensch muß in seinen sozialen Bezügen und Situationen gesehen werden. Wie G.H. Mead richtig beobachtete: Der Mensch besteht zum Teil aus einem sozialen Selbst. Reform, die sich allein auf personale Faktoren richtet, ist daher hoffnungslos inadäquat. Wenn es richtig ist, daß die Gesellschaft erzieht, dann darf die Schule niemals blind sein gegenüber gegenwärtigen sozialen Gepflogenheiten, Ansichten und Werten.
● Das Ziel schulischen Unterrichts ist nicht statischer Wissenserwerb und ist auch nicht nur Betrachtung des Wesentlichen. Es beruht auch nicht auf reiner Analyse bestehender Unzulänglichkeiten, obwohl eine solche Analyse die notwendige Voraussetzung für weitere Forschungsarbeit ist. Authentische Erziehung braucht einen operationalen Ausblick, demzufolge Forschung durch Aktion illuminiert wird und demzufolge die Aktion selbst mehr Sinn erhält durch Erweiterung und Theorie.
● Der Lehrer, anstatt Techniker oder Aufsichtsperson, muß kultureller Führer werden. Mit dionysischer Intensität versucht er, erzieherische Möglichkeiten universal zu machen.
● Erziehung und Bildung müssen in Zukunft interdisziplinäre Verbindungen haben. So wie William James an Psychologie, Philosophie, Pädagogik, Physiologie und Religion gleichermaßen interessiert war, so wird der künftige Studierende eine Perspektive der Beziehungen kultivieren, in der Glaube und Vernunft, Analyse und Intuition miteinander existieren.
● Um das zu erreichen, müssen moderne Quellen besser ausgenützt werden. Die Gegenwart wird, wie in Athen, der Fokus des Lernens und Forschens. Ziel ist die Anerkennung lebender Künstler und lebender Wissenschaftler. Wissen, im allgemeinen passiv duldend erworben, wird eine Reaktion zeitigen, weil es eine Rela-

tion hat zu gegenwärtigen Bedürfnissen und gegenwärtigen Forderungen.

• In einer solchen Atmosphäre wird Herzensbildung hochgeschätzt, nicht als ein Angriff auf die Vernunft, sondern als eine Erhellung unseres existentiellen Suchens und als eine Vorstufe für eine konstruktivere Gesellschaft. Der neue Lehrer wird ein Apostel der Güte sein. Die neuen Institutionen werden ein Ausdruck echter Menschlichkeit sein. Die Schulen werden vorbildlich sein in ihrer Wärme und ihrem Bemühen für alle und nicht für eine Elite.

• Um dies zu erreichen, müssen die Künste als ein Versuch des Menschen gesehen werden, nicht nur zu erkennen, sondern auch die Existenz höher zu schätzen und zu veredeln. Konventionelle Erziehung mißtraut und unterbewertet Einfallsreichtum. Die neue Erziehung betrachtet originelle Ideen als primäres Werkzeug für Wachstum und Emanzipation.

• Demokratie wird zentral sein in den Schulen, sowohl hinsichtlich ihrer formalen Struktur als auch ihrer Atmosphäre im Lehren und Lernen. Dies bedeutet einen steten Kampf gegen alle Formen des Feudalismus.

• Die Gemeinde wird zu einem Brennpunkt der Bemühungen werden. Die nähere und entferntere Gemeinde zu transformieren, sie zu zivilisieren und in ihr eine bedeutende Kultur zu schaffen - dies werden schwierige Antworten sein. Aber die Beispiele des antiken Athen und des Florenz der Renaissance zeigen, wie viel erreicht werden kann. In einer Massengesellschaft müssen die Kommunikationsmedien so verändert werden, daß sie gesellschaftliches Unbehagen wecken und so die Grundsteine legen für den Aufbau neu entwickelter Erziehungseffekte.

• Dies alles sollte nicht als eine Ablehnung der Technologie verstanden werden. Durch sie sind sogar qualitative Fortschritte möglich; durch sie kann Freizeitgestaltung für viele möglich gemacht werden; durch sie kann das weit Entfernte als ebenso wirklich empfunden werden wie unsere eigene Existenz; durch sie wird unsere Wahrnehmungswelt dauernd angeregt. Aber die Technologie braucht im Zeitalter der Computer einen Sinn für Prioritäten. Sie kann Idol sein, das wir unkritisch akzeptieren. Fortschritt wird zunächst nicht durch räumliche, durch zeitliche oder durch quantitative Begriffe definiert, sondern durch unseren Lebensstil, der eine moralische Hingabe verlangt. Technologie kann uns versklaven oder freimachen. Ihr Schicksal hängt vom Aufklärungsgrad der Gesellschaft ab. Die Verbreitung des Fernsehens kann mit der Verbreitung der Buchdruckerkunst verglichen werden. Wir können heute noch gar nicht voll erfassen, wie das Fernsehen die Zivilisation transformieren und zum Forum der Weltprobleme werden kann. Sein aktueller Gebrauch wird jedoch von nationalistischen Blickwinkeln und wirtschaftlichen Interessen bestimmt. Sein Potential ist weder erforscht noch verstanden. Anstatt Größe zu produzieren, intensiviert es bestehende Kulturverzögerungen. Die neue Technologie verspricht, das Dasein des Menschen von Grund auf zu revolutionieren. Sie wird die Menschheit von Routinearbeit befreien. Aber Technologie wird von sozialen Strukturen determiniert. Sie kann leichter noch weitere New Yorks produzieren als etwa bewohnenswerte Zentren für Arbeit und Spiel. Dies bedeutet nicht ein Übernehmen der Rousseauschen Idee, die sich gegen den Fortschritt von Kunst und Wissenschaft richtete. War nicht der primitive Mensch zufrieden? Lebte er nicht in größerer Harmonie mit der Natur? Es gibt kein Entkommen vor der technologischen Herausforderung. Unsere Aufgabe besteht darin, über die Umstände hinauszuwachsen und das menschliche Potential höher als die Maschine einzuschätzen. Für dies alles brauchen wir ein schöpferischeres, ein dynamischeres System von Erziehung und Bildung, ein System, das neuen Ideen, Erfindungen und Technologien gegenüber offen und zugeneigt ist, ohne sich von ihnen verführen zu lassen.

• Studiengebiete, die sich mit dem Menschen befassen und das menschliche Dilemma beleuchten, wie Geschichte, Anthropologie, Soziologie, Psychologie, Psychiatrie, Biologie, Pädagogik, Ökonomie und Philosophie, sollten intensiv gefördert werden. Der Mensch in allen seinen Bezügen und in all seinen Strebungen - vergangenen, gegenwärtigen und zukünftigen - muß der Brennpunkt aller Forschung werden. Das Ziel besteht nicht lediglich darin, sein Versagen und seine Unzulänglichkeit aufzuzeigen, sondern darin, seine Möglichkeiten zu sehen und die Wege, die zu ihrer Realisierung führen. Dynamische Erziehung ist ständig in

einem Zustand des Überganges. Ihre Wirkung hängt nicht von ihrer Korrektheit ab, sondern von der Fruchtbarkeit ihrer Konzepte.
● Diese Vorstellung von Erziehung und Kultur ist bewußt romantisch-idealistisch. Sie ist sich der Begrenzungen des Vorgegebenen bewußt und sucht daher nach den Inspirationen außergewöhnlicher einzelner, die neue Einsichten zu schaffen vermögen. So sollen Künstler und Wissenschaftler in die Schulen - selbst schon in die Elementarklassen - gerufen werden, damit das Lernen einen lebendigen Anreiz bekommt und die Schüler wirklich im Lernvorgang engagiert werden.
● Die Struktur des neuen Erziehungssystems wird internationale Dimensionen haben. Reisen wird zu den alltäglichen Lebensgewohnheiten gehören. Internationale Dienstleistungen werden wahrscheinlich die am schnellsten wachsende Berufssparte des 21. Jahrhunderts werden. Die Grundlage des Curriculums wird in vergleichenden Studien liegen und dadurch werden Lehrer wie Schüler ihre eigene Kultur und deren Beziehungen zu anderen Zivilisationen sowie zur wachsenden Weltgemeinde besser in den Blick bekommen.
● Inmitten dieser Wandlungen wird der Lehrer sehr viel bescheidener werden müssen in seinen Anforderungen an sich selbst. Er wird alle Formen der Unfehlbarkeit aufgeben und eine Art der Bescheidenheit zeigen müssen, die wir bisher nur unter den großen Heiligen der Menschheit haben. Der Lehrer wird sich viel mehr mit seinen Studenten und kreativen, zukunftweisenden Initiativen und Einrichtungen in der Gesellschaft befassen müssen. Er wird abwechseln müssen zwischen Phasen der Aktion und der Reflexion, wie Plato es für die Philosophenkönige seiner Republik forderte.
● Um dies alles zu verwirklichen, müssen wir Kreativität zum Hauptkriterium in der Erziehung machen. Man wird Fragen wie etwa die folgenden stellen: Wie erfinderisch ist der Lehrvorgang? Wie intensiviert er unsere Vorstellungskraft? Wie trägt er dazu bei, daß wir uns zum Aufbau aktiver Beziehungen angeregt fühlen? Erfüllt die Schule eine Funktion der mutigen Reform für Individuen und Gesellschaft? Die konventionelle Schule baut einen Dualismus zwischen Curriculum und Schüler auf. Der Lernende muß

einen gewissen Stoff bewältigen. In diesem Prozeß ist er im allgemeinen so wenig herausgefordert und interessiert, daß er die Lust am Lernen verliert. Bei dynamischer Erziehung werden die schöpferischen Fähigkeiten, Interessen und Talente an erster Stelle stehen. Das Ziel wird es sein, die Wahrnehmungskräfte zu intensivieren und zu vertiefen. Das Wachsein ist in solcher Weise zu pflegen, daß der Lernende nie seine Passion für neue Ideen verliert und daß seine ganze Karriere eine Übung der Lebendigkeit wird. Die Mobilisierung der Sinne ist eine der entscheidenden Herausforderungen für die Erziehung der Zukunft. Unsere Wahrnehmungen sind abgestumpft durch Konvention. Da wir nicht angerührt sind, liegen wir in einem intellektuellen und ästhetischen Schlaf. Der schöpferische Mensch mag variieren in seinem Vorgehen und dem Einfluß, den er ausübt, er mag romantisch oder rational bestimmt sein, analytisch oder intuitiv; vor allem aber verkörpert er eine Eigenschaft: er ist wach. Dadurch überwindet er die Begrenzungen seiner Umwelt. Traditionelle Erziehung betont sachliche Kompetenz. Wissenschaftliche Unterweisung betont die Wichtigkeit der Methodologie. Dynamische Erziehung betont wachsendes Bewußtwerden und schöpferischen Gebrauch unserer eigenen Fähigkeiten zur Überwindung der konkreten Entwicklungsrückstände der Menschheit.

● Anstatt lediglich die Bedürfnisse der Jugend in den Vordergrund zu spielen, wird die neue Erziehung die Ansprüche der Reife herausstellen. Hastings Law School (Juristische Fakultät) in San Francisco war die erste, die Professoren und Dekane berief, die das Alter der Erimitierung erreicht hatten. Sie ist aufgrund der Lebenserfahrungen dieser Menschen eine der besten Rechtsfakultäten unserer Zeit geworden. Gleichzeitig soll der Geist der Jugend in mehr adäquater Form zur Wirkung gebracht werden. Brillante Pädagogikstudenten werden in jüngeren Jahren ihr Studium abschließen. Anforderungen, die zu Diplomen führen, werden elastischer sein, damit die Wagemutigen und Begabten keine Zeit verlieren mit den verkrusteten Formen und Bedingungen des Studiums.

● Erziehung wird bestimmt durch Schwerpunkte. Wenn wir das Augenmerk nur auf Gebäude, Ausstattung und andere quantitative Aspekte richten, so werden wir nur diesen Trend der Gesellschaft verstärken. Können wir anderseits neue Wege beschreiten, das menschliche Potential zu nutzen, so werden wir einen echten Beitrag für die Zukunft leisten. Das bedeutet im besonderen, daß wir die Vitalität und Energie der Jugend nicht ungenutzt lassen dürfen. Es sollte fähigen Studierenden möglich sein, ein Doktorat schon mit 18 oder 19 zu erwerben. Viele Befähigte werden Anfang zwanzig schon größere Verantwortung auf dem volkswirtschaftlichen und politischen Sektor tragen, als das heute der Fall ist. Gleichzeitig werden reife, ältere Menschen besser eingesetzt und viel mehr geschätzt werden. An den guten Universitäten von morgen wird Wohlausgewogenheit bestehen zwischen dem Enthusiasmus der Jüngeren und dem Weitblick der Älteren. In dem Ausmaß, in dem wir größere Achtung vor dem Alter bekommen, in unseren persönlichen Beziehungen wie in den gesellschaftlichen, werden wir zivilisierte Umgangsformen schaffen und die Anarchie unserer Manieren überwinden.

• Gerade so, wie die Religion über Theologie hinausgehen muß und wie Philosophie ihre theoretischen Postulate transzendieren muß, so muß dynamische Erziehung in neue Gebiete der Forschung, der Untersuchung und der Anwendung vordringen. Kein Teil der Kultur, kein Gebiet menschlicher Unternehmungen, kein Teil des institutionellen Lebens, kein Sektor der internationalen Organisationen kann von ihrer kritischen Betrachtung, Auswertung und Reform ausgenommen bleiben. Vom Kindergarten bis zur Universität muß eine kosmopolitische Perspektive vorherrschen, damit in der Ferne liegende Bedürfnisse zu unmittelbaren Verantwortungen werden. Während konventionelle Erziehung ihre Funktion in begrenzter Weise definiert, hauptsächlich hinsichtlich intellektueller Fortbildung, hat dynamische Erziehung einen moralischen Impuls, anderen zu helfen, mit anderen zu teilen - einzelnen und Nationen. Dies ist ein Privileg, denn wir wachsen selbst nur in dem Maße, in dem wir unsere Einsichten und unsere Bewußtheit vertiefen und verbreiten. Wir werden nur in dem Maße menschlich, in dem wir die Fronten des Konventionellen transzendieren und die Bedürfnisse der Menschheit zu unserem ersten und dringendsten Anliegen machen.

● Erziehung zur Freizeit wird kein leeres Schlagwort sein; denn es wird den Lehrenden klar werden, daß Hingabe an die Sache mehr zählt als Wettstreit und kulturelle Leidenschaft mehr als geduldiges Hinnehmen. Solche Freizeitgestaltung wird unser persönliches Leben ändern, das heute oft »lähmende Verzweiflung« reflektiert. Wir müssen in jeder möglichen Weise neuen Ideen die Türen öffnen, um ein Symposium zu schaffen, für Freunde und Fremde gleichermaßen, so, wie es die Athener taten.

● Erziehung zum Dienst an Mitmenschen wird besondere Betonung finden, denn ohne Dienstleistungen können große soziale Probleme nicht gelöst werden. Wir haben in tragischer Weise die Macht des Guten unterschätzt. Stattdessen haben wir die Apostel der Zweckmäßigkeit geehrt und belohnt, in der Pädagogik wie in der Gesellschaft.

● Die Lehrerausbildung wird daher Wert darauf legen, therapeutische Faktoren zu pflegen. Die Lehrer der Zukunft werden viel besser in Formen der Kommunikation trainiert sein. Sie werden einen universellen Hintergrund mitbringen. Sie werden mehr aufgeklärt sein bezüglich ihrer eigenen Motivation. Sie werden hoffentlich Apostel der Menschlichkeit werden.

● Es ist dringend notwendig, neue Institutionen zu etablieren für jede Stufe des Erziehungswesens. Wir brauchen eine echte Weltuniversität mit Zweigeinrichtungen in den verschiedenen Kontinenten. Superfakultäten sollten eingerichtet werden, wie z.B. das Princeton-Institut für fortgeschrittene Studien und das Max-Planck-Institut in Bayern. Wir brauchen Modellschulen für alle Arten der Erziehung, die sich sowohl technische Fortschritte als auch Pionierprogramme in menschlichen Beziehungen zunutze machen. Neue Städte sollten errichtet werden mit Bildungszentren in ihrem Kern und naher Zusammenarbeit und Interaktion zwischen Schule und Gemeinde. Neue internationale Institute sollten in Entwicklungsländern gegründet werden, damit operationale Wege exploriert werden können, die den wirtschaftlichen, technologischen und pädagogischen Abstand zwischen unterentwickelten und industrialisierten Nationen zu verringern vermögen.

● Wir brauchen neue Schulen, die eine Synthese schaffen zwischen westlicher und orientalischer Kultur. Hier können wir uns

Tagores' Schule Santiniketan zum Vorbild nehmen, die zum Angelpunkt universeller Zivilisation wurde, wo Poeten wie Bose und Haldar und Philosophen wie C.F. Pearson lehrten, wo das Drama gepflegt und Freiheit geschätzt wurde, wo keine einseitigen Lebensansichten geduldet waren.

Die neuen Schulen werden danach bewertet werden, wie flexibel sie sind, wie offen für neue Ideen und nach der Exzellenz ihrer Motivationen. Wenn sie lediglich akademischen Status darstellen, dann werden sie dasselbe Schicksal erleiden wie die konventionellen Institutionen des Lernens. Wenn sie sich zu akademischer Selbstgefälligkeit verführen lassen, dann werden sie zu Säulen der Tradition. Akademisches Lernen soll nicht etwa vernachlässigt werden; im Gegenteil, es soll viel mehr gelernt und das Gelernte mit anderen geteilt werden, als das in konventionellen Schulen geschieht. Die Kräfte des Intellekts sollen hochgeschätzt werden, aber sie müssen ausgeweitet und erhellt werden durch soziale Bezugnahme und durch universelle Ideale.

• Die Umweltkrise muß im Zentrum aller erzieherischen Bemühungen stehen. Die Existenz der Menschheit ist bedroht wie noch nie zuvor. Franz Alt betont in »One Country«: »In den letzten 30 Jahren wurde bereits die Hälfte des Regenwaldes zerstört. Wenn wir so weiter machen, dann haben wir bis zum Jahr 2020 unseren Planeten vom Regenwald 'befreit'. Regenwälder sind aber die Lunge unserer Erde und bergen den größten Artenreichtum. Wir zerstören unsere Lebensgrundlagen. Die Tier- und Pflanzenarten sterben heute etwa 1.000 mal schneller als je zuvor in den vergangenen 65 Millionen Jahren.« Konferenzen allein werden uns nicht weiterbringen. Ein verbindliches weltweites Aktionsprogramm wird dringend gebraucht - ein Programm, das die Wasserqualität verbessern kann, die Verpestung der Luft stoppt, die fortschreitende Verwüstung verhindert und den Regenwald erhält. Das sind keine utopischen Forderungen, sondern Notwendigkeiten, die nicht ignoriert werden können und uns alle betreffen. Alt warnt: »Wir führen einen 3. Weltkrieg gegen die Natur. Dieser Weltkrieg fordert weit mehr Opfer als der erste und zweite zusammen. Wir verbrennen schon heute die Zukunft unserer Kinder und Enkel. In wenigen Jahren wird es auf der Erde heißer sein als je zuvor.«

● Die Emanzipation der Frau hat in vielen Ländern der Welt nicht stattgefunden. In den Dörfern von Indien werden die Frauen von ihren Ehemännern oft ermordet, weil ihre Mitgift zu gering war. Das Kastensystem in Indien ist verantwortlich dafür, daß Frauen, besonders, wenn sie zu einer unteren Kaste gehören, kaum eine Möglichkeit haben, eine Bildung zu bekommen. In Afghanistan wurden nach dem Sieg der islamischen Kräfte die politischen, wirtschaftlichen und Bildungsprivilegien der Frauen drastisch reduziert. Die Gleichberechtigung der Frau auf jedem Gebiet - wie die Bahá'í-Gemeinschaft fordert - ist nicht nur Fundament einer demokratischen Gesinnung, sondern ist Basis für eine bessere Zukunft für alle Nationen der Welt. Wenn eine wirtschaftliche Krise droht, dann wird verlangt, daß die Frau daheim bleibt und für die Familie sorgt. Das wird von vielen als moralische Pflicht seitens der Frau betrachtet. Doch zeigt das nicht eine Geringschätzung der Frau? Können und müssen nicht Frauen selbst über ihre Funktion und Zukunft bestimmen? Jahrhundertelang ist die Bildung der Frauen in einer katastrophalen Weise vernachlässigt worden. Muß nicht alles getan werden - national und international -, so daß die schöpferischen Kräfte der Frau sich voll entfalten können? Die Wärme und das Mitgefühl der Frauen werden gebraucht, um eine Humanisierung der Institutionen zu erreichen, um Bildung neu zu gestalten und um die Distanz, die so oft zwischen so vielen Gruppen und Weltanschauungen besteht, zu überwinden.

● Erziehung für den Frieden muß uns zum globalen Anliegen werden. Das fordert, daß wir Verschiedenheit anerkennen und hochschätzen, daß wir lernen, Konflikte in konstruktiver Weise zu lösen und Aggressionen aller Art im Keim ersticken. Das bedeutet auch, daß wir uns für eine gerechte Weltordnung einsetzen. Martin Luther King hat recht, wenn er betont: »Wahrer Friede bedeutet nicht lediglich die Abwesenheit von Konflikten, sondern die Gegenwart von Gerechtigkeit.« Hat die konventionelle Bildung nicht immer wieder zum Mißverständnis zwischen den Nationen beigetragen? Hat sie nicht irrationale Vorteile respektabel gemacht? Hat sie nicht so oft echte Friedensbemühungen als utopisch betrachtet? Echter Friede ist unmöglich, solange so viele Länder Bildungsinstitutionen haben, die das Trennende betonen und die Militaristen als Garant für ihre Sicherheit betrachten. Dynamische Erziehung bedeutet Friedenserziehung - für den einzelnen, für die Nationen und für die Weltgemeinschaft. Dynamische Erziehung ist kein abstrakter Prozeß. Sie ist keine Utopie. Sie verlangt Verifikation und Applikation. Wie weit unser Leben, unsere Schulen und Gemeinden in konkreter Weise reformiert werden, darin wird der Nachweis ihrer Wirksamkeit liegen.

## 4

Können wir Weltbürger entwickeln, die durch hohe ethische Prinzipien und durch soziales Bewußtsein geprägt sind? Können wir den Nationalismus, der sich wie ein Krebsgeschwür ausbreitet, effektiv eindämmen? Können wir die Kräfte des Rassismus, die sich immer wieder neu formieren, besiegen?

Um dieses Ziel zu erreichen, fordert die Bahá'í International Community die Einführung des Schulfaches »Weltbürger-Ethos«.

Spezifisch wird empfohlen:

»Die Vereinten Nationen, Regierungen und Erziehungsbehörden sollten sich bemühen, das Prinzip des Weltbürger-Ethos zu einem Teil der Grundausbildung jedes Kindes zu machen.... Auf der Grundlage der Einheit der Menschheit sollten sie zu Toleranz und Brüderlichkeit erziehen, die Anerkennung der Reichhaltigkeit und die Bedeutung der verschiedenen kulturellen, religiösen und sozialen Systeme der Welt pflegen und jene Tradition stärken, die zu einer fortschreitenden Weltkultur beitragen.«

Wir dürfen uns nicht von einer pessimistischen Haltung überwältigen lassen. Besteht nicht eine begründete Hoffnung auf eine bessere Welt? In dieser Sicht schreibt Huschmand Sabet: »Die Lage der heutigen Menschheit ist mit der eines Schwerkranken vergleichbar. Zur Überwindung der Krankheit muß der Wille und die Hoffnung auf Genesung vorhanden sein. Es ist wichtig und hilfreich, zu wissen, daß wir grundsätzlich in einem an Möglichkeiten reichen Zeitalter leben, einem Zeitalter, das die früheren Religionen als den 'Tag Gottes' beschrieben haben. So wird es möglich sein, die allgemeine Lähmung zu überwinden.«

5

Die erzieherischen Reformen der Vergangenheit sind partiell geblieben. Sie betonten Training und Konditionierung. Sie isolierten die schulischen Belange von der weiteren gesellschaftlichen Umwelt. Sie haben den Weisen geschaffen, der sich auf einem Sektor bewegt und der von den Anliegen der Welt unberührt bleibt. Sie haben den Verwaltungsmenschen geschaffen, der sich willig den Anordnungen der Autorität beugt und der nicht aus der Wahrheit, sondern aus dem So-tun-als-ob lebt. Sie haben Erziehung dem nationalen Prestige untergeordnet Sie haben eine Bürokratie expandieren lassen, die sich durch eklatanten Mangel an Einfallsreichtum auszeichnet.

Bergson spricht in den »Zwei Quellen der Moralität und der Religion« von dem ewigen geschichtlichen Konflikt zwischen denen, die sich von Analyse und Konformität leiten lassen, und jenen, die eine prophetische Auffassung ihres Schicksals haben. Im wesentlichen ist das der Unterschied zwischen einer geschlossenen und einer offenen Gesellschaft. Erziehung hat dem prophetischen Geist stets mißtraut. Sie hat den Techniker hoch eingeschätzt, der aus bequemen Wahrheiten lebt.

Wir haben das Erziehungswesen noch immer nicht aus seinen frühen mittelalterlichen Formen befreit. Sicher, wir leben in einem säkularisierten Zeitalter, aber mittelalterliche Denkweisen und Auffassungsarten leben weiter. Die frühen mittelalterlichen Gebildeten, geschützt durch Wälle gesellschaftlicher Isolierung, leisteten einen wertvollen Beitrag zur Zivilisation dadurch, daß sie alte Bücher und Manuskripte bewahrten und inmitten barbarischer Lebensweisen bestimmte klassische Begriffe aufrechterhielten. Die Wälle der Erziehung existieren bis heute, wenn auch in neuen und subtileren Formen. Sie sind zu Wällen des Kulturrückstandes und des Absurden geworden, die Mängel an Vitalität für alle am Erziehungswesen Beteiligten verursachen.

Dynamische Erziehung fordert das Abreißen solcher Mauern, die den Fortschritt hindern. Diese Mauern sind beides, subjektiv und objektiv. Sie bestehen aus unseren eigenen, selbstgewollten Begrenztheiten und der Unterschätzung unserer eigenen Fähigkeiten, und sie bestehen darin, daß wir die Baconschen Idole der Höhle, des Stammes, des Theaters und des Marktplatzes akzeptieren. Physisch gesehen, hat sich die Grundlage der menschlichen Kultur von einer fluvialen zu einer thalassischen, einer ozeanischen und nun zu einer kosmischen Basis entwickelt. Es fehlt ihr jedoch eine existentielle Schöpfungskraft, die sich dauernd erneuert und dauernd erweitert.

Die Athener können uns in mancher Hinsicht als Vorbild dienen, nicht so sehr wegen ihrer theoretischen Anliegen und auch nicht, weil sie so viele Grundsteine für unsere Zeit legten - von der Atomtheorie bis zu Demokratie, von der Logik bis zur Metaphysik - sondern weil sie in ihren kulturellen Unternehmungen geradezu phantastische Vitalität zeigten. Sie teilten Zivilisation nicht in geschlossene Abteilungen auf. Sie trennten Kunst nicht vom Leben, die Gemeinde nicht vom Individuum, Arbeit nicht von Erholung, Vernunft nicht von Gefühl. Sie zeigten, daß ohne wagemutige Erforschung und ohne brennendes Kulturinteresse bleibende Größe nicht erreicht werden kann.

Dynamische Erziehung fördert den faustischen Geist des Menschen. Sie schätzt eine Unruhe, die sich der Lethargie des Konventionellen stellt. Sie akzeptiert die Ungereimtheiten und das Paradoxe der menschlichen Existenz. Sie fordert einen dauernden Pilgerzug des menschlichen Geistes heraus.

Unser tatsächliches Sein wird die Prüfung unserer Weisheit sein. Die Kreativität unserer Institutionen wird bestimmen, wie sehr sie Einfluß haben werden oder nicht. Die Qualität und Reichweite unseres Mitfühlenkönnens wird die Struktur der Demokratie bestimmen. Die Art und Weise, in der wir Güte und Mitmenschlichkeit pflegen und leben, wird unser Leben lenken. Die Art und Weise, in der Schönheit unsere persönliche und gesellschaftliche Existenz durchdringt, wird über die Chancen einer echten Erneuerung entscheiden.

Die wichtigste Entscheidung, die wir zu treffen haben werden, betrifft die Struktur, den Inhalt und die Ziele des gegenwärtigen Erziehungs- und Bildungswesens. Dazu benötigten wir eine weitestmögliche Erweiterung des Verständnisses von Pädagogik. Dazu brauchen wir eine neue Übersicht und ein neues Verständnis des

gesamten Wertesystems, das in der menschlichen Kultur verkörpert ist.
Die Fehlschläge der Gegenwart sollten uns als Warnung dienen. Sie legten den Grund für Mittelmäßigkeit und Selbstzufriedenheit, und, tragischer noch, für Vergeudung, Konflikt und Krieg. Erziehung, die in der Vergangenheit oft nur eine Vorbereitung zur Fruchtlosigkeit war, muß zum Kernstück menschlicher Strebungen und Unternehmungen werden. Nur auf diese Weise können wir hoffen, zu erwachen. Nur auf diese Weise können wir den Torheiten der Vergangenheit entfliehen und einer aufgeklärten Zukunft entgegensehen.

**Literaturauswahl**

Abdu'l Bahá, Ansprachen in Paris, 1983.
Abdu'l Bahá, Beantwortete Fragen, 1973.
Bahá'u'lláh, Ährenlese, 1980.
Bahá'u'lláh, Botschaften aus Akka, 1982.
Bahá'u'lláh, Die sieben Täler - Die vier Täler, 1997.
Beer, U., Entfaltung der Kreativität, 1972.
Balint, M., Der Arzt, sein Patient und die Krankheit, 1957.
Birzele, K., Aktive Kinder, 1965.
Bruner, J., The Process of Education, 1960.
Bühler, Ch., Wenn das Leben gelingen soll, 1969.
Bühler, Ch., Psychologie im Leben unserer Zeit, 1969.
Clark, C.H., Brainstorming, 1973.
Duncker, K., Zur Psychologie des produktiven Denkens, 1966
Erikson, E.H., Identität und Lebenszyklus, 1966.
Fabian, R., Bessere Lösungen finden, 1977.
Faure, B., u.a., Wie wir leben lernen, 1973.
Freire, P., Pädagogik der Unterdrückten, 1971.
Follet, M.P., Creative Experience, 1934.
Freud, S., Gesammelte Schriften, 1924-1934.
Gehmacher, E., Lebensmanagement, 1974.
Getzels, J.W./Jackson, W., Creativity and Intelligence: Exploration with Gifted Students, 1962.
Ghiselin, B., The Creative Process, 1964.

Guilford, J.P., Persönlichkeit, 1964.
Jung, C.G., Seelenprobleme der Gegenwart, 1950.
Kandinsky, W., Essays über Kunst und Künstler, 1955.
Kennedy, P., The Rise and Fall of the great Powers, 1987.
Koestler, A., Der göttliche Funke, 1966.
Korczak, J., Wie man ein Kind lieben soll, 1968.
Krause, R., Kreativität, 1972.
Küchle, E., Menschenkenntnis für Manager, 1977.
Landau, E., Psychologie der Kreativität, 1971.
Lausch, E., Manipulation, 1974.
Maccoby, M., Gewinner um jeden Preis, 1977.
Mayer, F., Kreativität - Illusion oder Wirklichkeit?, 1979
Mayer, F., Versagen ohne Ende?, 1994
Mayer, F., Vergeudung oder Verwirklichung, 1993.
Rattner, J., Alfred Adler, 1972.
Rattner, J., Krankheit, Gesundheit und der Arzt, Medizinische Anthropologie, 1993.
Richter, H., Lernziel Solidarität, 1974.
Rogers, C.R., In Freiheit lernen, 1974.
Roohizadegan, O., Olyas Geschichte, 1995.
Sabet, H., Der Übergang vom »Global Crash« zur Weltidentität, 1994.
Sabet, H., Der Weg aus der Aussichtslosigkeit. Ein Plädoyer für den Frieden, 1983.
Schaup, S. und Sabet, H., Welcher Ring ist der echte? 1994.
Schmidbauer, W., Die hilflosen Helfer, 1977.
Spiegel, P., Das Terra-Prinzip. Das Ende der Ohnmacht in Sicht. Wirtschaftler werden Revolutionäre, 1996.
Thomae, H., Das Individuum und seine Welt, 1968.
Tournier, P., Die Chancen des Alters, 1978.
Toynbee, A.J., Krieg und Kultur, 1971.
Ullmann, G., Kreativität, 1968.
Vak, K., Strukturen der Zukunft, 1985.
Vak, K., (Hg.), Complexities of the human environment, 1988
Vak, K. und Zilk, H., Europas Aufstieg, 1989.
Whyte, W., Herr und Opfer der Organisation, 1958.
Wolfschläger, G., Kreativität und Gesellschaft, 1972.
Zucha, R., Pädagogische Psychologie, 1974.
Zucha, R., Sozialpsychologie des Unterrichts, 1981.